Inhaltsverzeichnis

1. Einleitung und Grundlagen 8
   - 1.1 Symptome und Gründe für mangelhaftes RE kennen 8
     - 1.1.1 Warum scheitern Projekte: 9
     - 1.1.2 Welche Rolle haben Stakeholder 9
     - 1.1.3 Interne/ Externe Stakeholder 10
     - 1.1.4 Verhinderung von mangelhaftem RE 11
   - 1.2 Die vier Haupttätigkeiten des RE kennen 11
     - 1.2.1 Anforderungsspezifikation 11
     - 1.2.2 Ermitteln von Anforderungen (Haupttätigkeit 1) 12
     - 1.2.3 Dokumentieren (Haupttätigkeit 2) 12
     - 1.2.4 Prüfen/Abstimmen (Haupttätigkeit 3) 12
     - 1.2.5 Verwalten (Haupttätigkeit 4) 12
   - 1.3 Die Rolle der Kommunikation im RE kennen 13
   - 1.4 Eigenschaften eines Requirements Engineers kennen 14
   - 1.5 Die drei Arten von Anforderungen kennen 15
   - 1.6 Rolle der Qualitätsanforderungen kennen 16
   - 1.7 Repetitionsfragen zum Kapitel 1 17
2. System und Systemkontext abgrenzen 19
   - 2.1 Systemkontext, System- und Kontextabgrenzung kennen .. 19
   - 2.2 System- und Kontextgrenze bestimmen können und anwenden (K2) ... 19
   - 2.3 Repetitionsfragen zum Kapitel 2 22
3. Anforderungen ermitteln (K2) 23
   - 3.1 Anforderungsquellen (K1) 23
     - 3.1.1 Verschiedene Arten von Anforderungsquellen kennen ... 23
     - 3.1.2 Bedeutung von Anforderungsquellen 24
     - 3.1.3 Wichtigste Informationen der Stakeholder Dokumentation kennen ... 24
     - 3.1.4 Wichtige Prinzipien im Umgang mit Stakeholdern 25
   - 3.2 Anforderungskategorisierung nach dem Kano-Modell (K2) ... 27
   - 3.3 Ermittlungstechniken (K2) 28
     - 3.3.1 Ermittlungstechnik - Interview 29
     - 3.3.2 Ermittlungstechnik - Fragebogen 30
     - 3.3.3 Kreativitätstechniken 32
     - 3.3.4 Ermittlungstechnik Brainstorming / Brainwriting 33
     - 3.3.5 Ermittlungstechnik «6-3-5»-Methode und weitere Methoden ... 34
     - 3.3.6 Beobachtungstechniken (z.B. Feldbeobachtung, Apprenticing) ... 35
     - 3.3.7 Unterstützende Techniken 36
   - 3.4 Repetitionsfragen 38
4. Dokumentation von Anforderungen (K2) 40
   - 4.1 Dokumentgestaltung (K1) 40
     - 4.1.1 Zentrale Gründe der Dokumentation 40
   - 4.2 Arten der Dokumentation (K1) 40
     - 4.2.1 Die drei Perspektiven für funktionale Anforderungen kennen ... 40
     - 4.2.2 Vorteile und Nachteile natürlichsprachiger Anforderungsdokumentation kennen ... 42
     - 4.2.3 Die wichtigsten modellbasierten Dokumentationsformen von Anforderungen ... 42
     - 4.2.4 Vorteile der Mischform von Anforderungsdokumentation kennen ... 43
   - 4.3 Dokumentstrukturen (K1) 44
     - 4.3.1 Vorteile von standardisierten Dokumentationsstruktur kennen ... 44
     - 4.3.2 Eine verbreitete standardisierte Dokumentationsstruktur kennen ... 44
     - 4.3.3 Wichtige Punkte einer angepassten Standardstruktur kennen ... 45
   - 4.4 Verwendung von Anforderungsdokumenten (K1) 45
     - 4.4.1 Aufgaben, die auf Anforderungsdokumenten aufbauen kennen ... 45

	4.5	Qualitätskriterien für das Anforderungsdokument (K2)	46
		4.5.1 Qualitätskriterien für Anforderungsdokumente kennen und anwenden	46
	4.6	Qualitätskriterien für Anforderungen (K2)	46
		4.6.1 Qualitätskriterien für Anforderungen kennen und anwenden	46
		4.6.2 Die zwei wichtigen Stilregeln für Anforderungen kennen	47
	4.7	Glossar (K2)	47
	4.8	Repetitionsfragen	48
5.	Natürlichsprachige Dokumentation von Anforderungen (K2)		49
	5.1	Die fünf Transformationsprozesse bei der Wahrnehmung und Darstellung	49
		5.1.1 Nominalisierung von Anforderungen	50
		5.1.2 Substantive ohne Bezugsindex	50
		5.1.3 Universalquantoren	51
		5.1.4 Unvollständig spezifizierte Bedingungen	51
		5.1.5 Unvollständig spezifizierte Prozesswörter	52
	5.2	Konstruktion von Anforderungen mittels Satzschablone (K2)	53
	5.3	Repetitionsfragen	55
		5.3.1 D) Es hat noch „Unvollständig spezifizierte Bedingungen"	55
6.	Anforderungen modellbasiert dokumentieren (K2)		56
	6.1	Der Modellbegriff (K1)	56
		6.1.1 Den Modellbegriff und die Eigenschaften von Modellen kennen	56
		6.1.2 Definitionselemente einer konzeptuellen Modellierungssprache	57
		6.1.3 Vorteile von Anforderungsmodellen	58
	6.2	Zielmodelle (K2)	59
	6.3	Use Cases (K2)	60
		6.3.1 Die Modellierung von Use-Case-Diagrammen können und anwenden	60
	6.4	Drei Perspektiven auf die Anforderungen (K1)	63
	6.5	Anforderungsmodellierung in der Strukturperspektive (K2)	64
		6.5.1 Den Fokus der Strukturperspektive auf Anforderungen	64
		6.5.2 Klassendiagramme (Entity-Relationship-Diagramme)	64
	6.6	Anforderungsmodellierung in der Funktionsperspektive (K2)	66
		6.6.1 Den Fokus der Funktionsperspektive auf Anforderungen	66
		6.6.2 Datenflussdiagramme und UML-Aktivitätsdiagramme können und anwenden	66
	6.7	Verhaltensperspektive	68
		6.7.1 Den Fokus der Verhaltensperspektive auf Anforderungen	68
		6.7.2 UML-Zustandsdiagramme können und anwenden	68
	6.8	Repetitionsfragen	69
7.	Anforderungen prüfen und abstimmen (K2)		70
	7.1	Grundlagen der Prüfung von Anforderungen (K1)	70
		7.1.1 Bedeutung der Überprüfung von Anforderungen kennen	70
	7.2	Grundlagen der Abstimmung von Anforderungen (K1)	72
		7.2.1 Bedeutung von Konflikten bzgl. Anforderungen kennen	72
	7.3	Qualitätsaspekte für Anforderungen (K2)	72
		7.3.1 Drei Qualitätsaspekte für Anforderungen	72
		7.3.2 Die Prüfkriterien für die Qualitätsaspekte Inhalt, Dokumentation und Abgestimmtheit können und anwenden	72
	7.4	Prinzipien der Prüfung von Anforderungen (K2)	75
		7.4.1 Die sechs Prinzipien der Prüfung von Anforderungen kennen	75
		7.4.2 Prinzipien der Prüfung von Anforderungen können und anwenden	75
	7.5	Techniken zur Prüfung von Anforderungen (K2)	76
		7.5.1 Techniken zur Prüfung von Anforderungen kennen	76
		7.5.2 Die Prüftechniken Stellungnahme, Inspektion, Walkthrough, Perspektivenbasiertes Lesen, Prüfung durch Prototypen und Einsatz von Checklisten können und anwenden	76
	7.6	Abstimmung von Anforderungen (K1)	82

- 7.6.1 Aufgaben in der Abstimmung von Anforderungen kennen 82
- 7.6.2 Konfliktidentifikation: Die Arten von Konflikten bezüglich Anforderungen kennen 82
- 7.6.3 Die verschiedenen Konfliktlösungstechniken kennen 84
- 7.6.4 Die Dokumentation der Konfliktauflösung kennen 86
- 7.7 Repetitionsfragen 87

8. Anforderungen verwalten (K2) 88
- 8.1 Attributierung 88
  - 8.1.1 Zweck und Definition von Attributierungsschemata 88
  - 8.1.2 Wichtige Attributtypen für Anforderungen (K1) 88
- 8.2 Sichten auf Anforderungen (K2) 89
  - 8.2.1 Sichten auf Anforderungen kennen und anwenden 89
- 8.3 Priorisierung von Anforderungen (K2) 90
  - 8.3.1 Vorgehen zur Priorisierung von Anforderungen 90
  - 8.3.2 Techniken zur Priorisierung von Anforderungen können und anwenden 90
- 8.4 Verfolgbarkeit von Anforderungen (K2) 93
  - 8.4.1 Nutzen der Verfolgbarkeit von Anforderungen 93
  - 8.4.2 Klassen von Verfolgbarkeitsbeziehungen kennen und diese anwenden 93
  - 8.4.3 Repräsentationsformen von Verfolgbarkeitsbeziehungen 94
- 8.5 Versionierung von Anforderungen (K2) 95
  - 8.5.1 Die Versionierung von Anforderungen kennen und anwenden 95
  - 8.5.2 Die Bildung von Anforderungskonfigurationen kennen und anwenden 96
  - 8.5.3 Die Bildung von Anforderungsbasislinien kennen und anwenden 96
- 8.6 Verwaltung von Anforderungsänderungen (K2) 97
  - 8.6.1 Die Bedeutung von Anforderungsänderungen 97
  - 8.6.2 Change Control Bord 98
  - 8.6.3 Aufbau eines Änderungsantrages für Anforderungen kennen und anwenden 98
  - 8.6.4 Klassen von Änderungsanträgen kennen und anwenden 99
- 8.7 Anforderungsmessung (K1) 100
  - 8.7.1 Die Wichtigkeit von Anforderungsmessung 100
- 8.8 Repetitionsfragen 102

9. Werkzeugunterstützung (K1) 103
- 9.1 Die acht Eigenschaften eines Requirements Management Werkzeugs 103
- 9.2 Die fünf Gesichtspunkte bei der Einführung von Requirements Engineering Werkzeugen .. 105

10. Die sieben Sichten auf Requirements Engineering Werkzeuge 105
- 10.1 Repetitionsfragen 106

11. Antworten zu den Repetitionsfragen 107
- 11.1 Lösungen Repetitionsfragen Kapitel 1 107
- 11.2 Lösungen Repetitionsfragen Kapitel 2 108
- 11.3 Lösungen Repetitionsfragen Kapitel 3 108
- 11.4 Lösungen Repetitionsfragen Kapitel 4 109
- 11.5 Lösungen Repetitionsfragen Kapitel 5 109
- 11.6 Lösungen Repetitionsfragen Kapitel 6 109
- 11.7 Lösungen Repetitionsfragen Kapitel 7 110
- 11.8 Lösungen Repetitionsfragen Kapitel 8 110
- 11.9 Lösungen Repetitionsfragen Kapitel 9 110

12. Bildverzeichnis 111

13. Stichwortverzeichnis 112

Vorwort

Zielgruppeninfo

Requirements Engineering nimmt als erster Schritt bei der Systementwicklung entscheidenden Einfluss auf den Projekterfolg. Es beschreibt den Umfang eines Projekts und bildet die Kommunikationsbasis für alle Bereiche, die an dem Projekt beteiligt sind. Requirements Engineering hat direkten Einfluss auf die Projektkosten, je besser das Requirements Engineering, desto weniger Fehler treten in der Entwicklung auf, und unter dem Strich stehen geringere Gesamtkosten.

Warum soll ich eine Zertifizierung nach IREB machen? Der Arbeitsmarkt für Requirements Engineers und Business Analysten gewinnt an Transparenz. Die verschiedenen Stufen der CPRE Zertifizierung lassen es zu, die Fähigkeiten genau zu beschreiben, die jemand besitzt oder für eine bestimmte Stelle mitbringen muss. Durch ein höheres Ausbildungsniveau sind Anforderungsspezifikationen von Kunden oder Lieferanten exakter und somit ist eine bessere Grundlage gegeben für Projektplanung und das Entwickeln und Testen von Produkten. Dies führt zu einer Verringerung der Gesamtentwicklungskosten und einer besseren Einhaltung von Fristen. Dieses Buch hat zwei Ziele, erstens soll es eine Hilfe sein auf die Vorbereitung zur Prüfung und zweitens soll es einen allgemeinen Einstieg in das Thema Requirements Engineering sein.

IREB ist eine unabhängige Non-Profit-Organisation. 2006 wurde IREB von führenden Experten aus Wissenschaft, Forschung, Industrie und Beratung mit der Vision ins Leben gerufen, Requirements Engineering auf eine professionelle und international anerkannte Basis zu stellen.

Seit 2007 haben mehr als 26.700 Personen in 64 Ländern die Prüfung zum CPRE Foundation Level bestanden - und der weltweit steigende Trend hält an.

Impressum

© 2017 DASsachbuch, 8590 Romanshorn - Schweiz

Nachdruck oder Reproduktion in irgendeiner Form (Druck, Fotokopie oder anderes Verfahren) sowie die Einspeicherung, Verarbeitung, Vervielfältigung und Verbreitung mit Hilfe elektronischer Systeme jeglicher Art sind für Einzelseiten erlaubt. Alle Übersetzungsrechte vorbehalten.

1. Auflage 2017

Autor, Herausgeber, Redaktion, Satz, Gestaltung (inkl. Umschlaggestaltung),
Texte, Bilder: René Wanner
Titelbild: Shutterstock

Repetitionsfragen: Ein Teil der Repetitionsfragen wurde unverändert von IREB e.V. (Quelle und Besitzer) übernommen. Version 2.0

Strukturierung, Einleitungstexte und Lernziele: Wurden von IREB e.V. (Quelle und Besitzer) in geänderter Form übernommen. Lehrplan Version 2.2 1. März 2015.

Gedruckt und hergestellt in der Schweiz 2017

ISBN 978-3-033-06067-8

Informationen zur Prüfung CPRE Foundation Level

Prüfungsordnung
Die Prüfung besteht aus bis zu 45 Multiple-Choice-Fragen. Zu deren Beantwortung stehen maximal 75 Minuten zur Verfügung. Eine frühere Abgabe ist möglich. Je nach Schwierigkeit sind die Fragen 1 – 3 Punkte wert. Die jeweilig erreichbare Punktzahl pro Frage ist im Fragenkopf angegeben. Die nachfolgenden Angaben wurden aus dem Lehrplan - Foundation Level - Version 2.2, 1. März 2015, übernommen.

Zum Bestehen der Prüfung müssen mindestens 70.00 Prozent der Punkte erreicht werden. Während der Prüfung sind keinerlei Hilfsmittel (wie Seminarunterlagen, Bücher, Telefon, etc.) zugelassen. Evtl. verwendetes Zusatzpapier zum offiziellen Prüfungsbogen oder Notizzettel müssen beim Verlassen im Raum verbleiben. Während der Prüfung darf der Raum nicht verlassen werden.

Benachrichtigung über Ergebnisse und evtl. Wiederholungsprüfungen
Die Benachrichtigung über das Ergebnis der Prüfung, ebenso wie der Versand der Zertifikatsurkunde, erfolgt schriftlich durch die Zertifizierungsstelle an die Heimatadresse des Teilnehmers. Die Prüfung kann bis zu zweimal ohne Wartezeiten wiederholt werden. Bei einem dritten Nicht-Bestehen ist eine Wartefrist von einem Jahr nach der 3. Prüfung einzuhalten.

Drei Arten von Fragen / Regelungen zur Beantwortung von Fragen

Regeln:
- Mehr ausgewählte Antworten als gefordert resultieren in 0 Punkten für diese Frage.
- Nur korrekt ausgewählte Antworten erhalten Punkte.
- Es muss nicht die gesamte Anzahl an geforderten Antworten ausgewählt werden; es dürfen weniger Antworten ausgewählt werden.
- Die Punktzahl pro korrekt ausgewählte Antwort hängt ab von der Schwierigkeit der Frage sowie von der Anzahl korrekter Antworten für die Frage.

Einfachauswahl (sogenannte A-Fragen)
Diese Fragen erhalten 1 – 2 Punkte, je nach Schwierigkeit. Dabei werden nach der Einleitung zur Frage 4 – 5 mögliche Antworten angeboten, von denen nur eine einzige korrekt ist.

Einfachauswahlfragen können auch in Negativform gestellt sein (z.B. „Welches ist die einzig falsche Antwort?").

Geben Sie die Diagrammart an, welche Sie für die... (1 Antwort)

1 Punkt

☐	A) .....
☐	B) .....
☐	C) .....
☐	D) .....
☐	E) .....

Mehrfachauswahl (sogenannte P-Fragen)

Diese Fragen erhalten 1 – 2 Punkte, je nach Schwierigkeit. Nach der einleitenden Frage folgt eine Anzahl potentieller Antworten, von denen zwei oder mehr korrekt sein können. Die einleitende Frage enthält einen Hinweis, wie viele Antworten erwartet werden; z.B.: „Geben Sie die zwei Diagrammarten an, die zur Modellierung ...... geeignet sind". Oft geht es bei dieser Fragenart um das Herausfinden der besten, wahrscheinlichsten, oder zutreffendsten Antworten aus einer Grauzone. Die Fragen können auch in Negativform gestellt werden (z.B.: „Welche zwei Erhebungstechniken sind nicht geeignet für ...").

Geben Sie die zwei Diagrammarten an, welche Sie für die...

2 Punkte

☐	A) .....
☐	B) .....
☐	C) .....
☐	D) .....
☐	E) .....

„Richtig oder falsch"-Fragen (sogenannte K-Fragen)

Diese Fragen erhalten 1 – 3 Punkte, je nach Schwierigkeit. Nach der einleitenden Frage folgen mehrere Aussagen, jeweils mit einer Wahlmöglichkeit (Option) „richtig" und „falsch" oder „zutreffend" und „nicht zutreffend" oder „geeignet" und „nicht geeignet", etc. Sie sollten jede Aussage entweder als „richtig" („zutreffend", „geeignet" etc.) oder „falsch" („nicht zutreffend", „nicht geeignet" etc.) markieren.

Welche der folgenden Aussagen zum... sind richtig und welche Aussagen sind falsch?

Richtig   Falsch   2 Punkte

Richtig	Falsch	
☐	☐	A) .....
☐	☐	B) .....
☐	☐	C) .....
☐	☐	D) .....

Nützliche Literatur

ISBN 978-3-86490-283-3	Basiswissen Requirements Engineering
ISBN-13: 978-1937538774	Requirements Engineering Fundamentals
ISBN-13: 9783446438934	Requirements-Engineering und -Management: Aus der Praxis von klassisch bis agil
ISBN-13: 9783446430570	UML 2 glasklar
ISBN-13: 9783540211785	Requirements Engineering Grundlagen, Prinzipien und Techniken

Nützliche Links

IREB, das International Requirements Engineering Board, ist eine Non-Profit-Organisation und der Entwickler des CPRE (Certified Professional for Requirements Engineering) Zertifizierungskonzepts. Die Board-Mitglieder sind unabhängige und international anerkannte Experten aus Industrie, Beratung, Forschung und Lehre.

https://www.ireb.org/de

Inhalt und Aufbau dieses Lehrmittels

- Als Grundlage dieses Lehrmittel dient der Lehrplan IREB Certified Professional for Requirements Engineering - Foundation Level Version 2.2 – März 2015.
- Der Lehrplan besteht aus 9 Hauptkapiteln. Ein Kapitel umfasst eine Lerneinheit (LE). Eine Lerneinheit besteht aus Lernzielen, welche in den Unterkapiteln beschrieben sind. Am Ende eines jeden Hauptkapitels befinden sich Musterfragen, die Lösungen dazu befinden sich jeweils am Ende dieses Buches.
- Jede Lerneinheit hat Schlüsselbegriffe. Schlüsselbegriffe definieren die Schwerpunkte dieser Lerneinheit. Diese Begriffe sollten im entsprechenden Kapitel näher erläutert werden.
- Nach den Schlüsselbegriffen folgt der eigentliche Inhalt. Dieser soll durchgearbeitet werden. Am Schluss der Lerneinheit befinden sich Fragen über den Inhalt dieser Lerneinheit.
- Das Lehrmittel wird ergänzt durch ein Stichwortverzeichnis.
- K1 bedeutet (Kennen): aufzählen, bezeichnen, erkennen, nennen, wiedergeben
- K2 bedeutet (Können und Anwenden): analysieren, anwenden, ausführen, begründen

Fragen zum Lehrmittel

Facebook:
https://www.facebook.com/DASsachbuch/?fref=ts

Mail:
dassachbuch@bluewin.ch

1. Einleitung und Grundlagen

Lernziele[1]	1.1 Symptome und Gründe für mangelhaftes RE kennen
	1.2 Die vier Haupttätigkeiten des RE kennen
	1.3 Die Rolle der Kommunikation im RE kennen
	1.4 Eigenschaften eines Requirements Engineers kennen
	1.5 Die drei Arten von Anforderungen kennen
	1.6 Rolle der Qualitätsanforderungen kennen
Schlüsselbegriffe	Anforderungsspezifikation, Dokumentieren, Ermitteln, externe Stakeholder, funktionale Anforderungen, Haupttätigkeiten des REQ, interne Stakeholder, Kommunikation, mangelhaftes RE, Mehrdeutigkeiten, Projekte scheitern, Prüfen/Abstimmen, Qualitätsanforderungen, Randbedingungen, Redundanzen, Rollen der Stakeholder, Verwalten, Widersprüche

1.1 Symptome und Gründe für mangelhaftes RE kennen

> Gutes RE ist wichtig, da viele Fehler schon in dieser Phase entstehen und später nur mit hohen Kosten zu beheben sind. Typische Symptome für mangelhaftes RE sind fehlende und unklare Anforderungen. Typische Gründe für mangelhaftes RE sind:
> - Die falsche Annahme der Stakeholder, dass vieles selbstverständlich ist und nicht explizit genannt werden muss
> - Kommunikationsprobleme aufgrund von unterschiedlichem Erfahrungs- und Wissensstand der Stakeholder
> - Der Projektdruck des Auftraggebers, kurzfristig ein produktives System zu erstellen, die Durchlaufzeiten von Projekten werden immer kürzer

Die Analyse als erster Schritt der Systementwicklung entscheidet massgeblich über den Erfolg oder Misserfolg eines Projekts. So lassen sich Fehler, die in einer frühen Phase der Systementwicklung (wie z. B. die Erhebung der Anforderungen) gemacht werden, in einer späteren Phase nur noch mit grösserem (finanziellen) Aufwand beheben. Die Statistik sagt aus, dass sich ca. 65% der schwerwiegenden Fehler in Programmen auf Unzulänglichkeiten in der Analyse zurückführen lassen. Die Tragweite der Anforderungsanalyse wird oftmals unterschätzt, was dazu führt, dass nicht der eigentlich benötigte Aufwand in diese Phase investiert wird.

Hauptproblem Mehrdeutigkeiten
Mehrdeutigkeiten entstehen immer dann, wenn mehrere Personen ein und dieselbe Anforderung unterschiedlich auffassen und ihre Meinung für die einzig mögliche halten. Haben die Projektmitglieder eine andere Auffassung von einer Anforderung wie der Kunde, wird das entwickelte System in den meisten Fällen nicht den Ansprüchen des Kunden entsprechen.

Hauptproblem Redundanzen
Redundanzen sind nicht zwingend gefährlich, werden es aber leicht, sobald Änderungen am Dokument vorgenommen werden. Ist eine Information mehrfach beschrieben, muss eine Änderung an allen Stellen im Dokument nachgezogen werden. Dies geschieht jedoch selten, was zu Widersprüchen führt. Daher sollten nach Möglich Redundanzen vermieden werden.

Hauptproblem Widersprüche
Widersprüche entstehen vor allem, wenn mehrere Benutzer mit unterschiedlicher Erwartung an das System befragt werden. Bei entsprechend umfangreichen Anforderungsspezifikationen fallen diese Widersprüche nur sehr schwer auf.

---
[1] Lehrplan IREB - Foundation Level - Version 2.2, 1. März 2015

1.1.1 Warum scheitern Projekte:

- **Schlechte Projektkommunikation:** Die Kommunikationskultur ist in vielen Projekten und Firmen einfach immer noch schlecht. Umgekehrt ist eine gute, positive und professionelle Kommunikation ein grosser „Hebel" in Projekten. Dazu zählt auch das Sitzungs- und Besprechungsmanagement zur Projektkommunikation.

- **Schlechte Projektvorbereitung und -planung:** Projekte entstehen häufig unter Zeitdruck oder mit mässig konkreten Vorgaben und Anforderungen (z.B. aus dem Verkauf oder der Geschäftsleitung). Da ist vorprogrammiert, dass es im späteren Projektverlauf einiges schief geht.

- **Mangelnde Ressourcenverfügbarkeit:** Die meisten Menschen arbeiten teilweise in Projekten in einer Matrixorganisation – neben ihrem üblichen Job im Unternehmen. Dadurch sind Projekte eine Zusatzbelastung, die vielfach zeitlich kaum noch zu erfüllen sind. Die Auswirkungen sind dramatisch: Schlechte Projektergebnisse, enorme Zeitverzögerungen, frustrierte Mitarbeiter und Führungskräfte, verärgerte Kunden. Der Ursprung dieses Problems liegt häufig in einer viel zu optimistischen Planung auf allen Ebenen.

- **Unklare Rollenverteilung:** Projektmanagement wird immer noch hauptsächlich als „Methode" gesehen, noch kaum als „Organisationsansatz". Dadurch ist Projektmanagement kaum sinnvoll und strategisch in der Organisationsstruktur und -kultur verankert. Es gibt häufig Konflikte zwischen der Linienorganisation und der Projektorganisation und wird durch unklare Projektrollen noch zusätzlich verstärkt.

1.1.2 Welche Rolle haben Stakeholder

Der Name Stakeholder stammt aus dem Englischen. „Stake" kann mit Einsatz, Anteil oder Anspruch übersetzt werden, „holder" mit Inhaber oder Besitzer. Der Stakeholder ist daher jemand, dessen Interessen auf dem Spiel stehen und es ihm wichtig ist, dass die Sache zum Erfolg kommt. Stakeholder" wird heutzutage nicht nur für Personen verwendet, sondern für alle, die ein Interesse am Verlauf oder Resultat eines Prozesses oder Projektes haben.

Zu den Stakeholdern gehören sämtliche Gruppen von Menschen, die von Entscheidungen einer Unternehmung betroffen sind. Einfach gesagt alle Gruppen von Menschen, die an eine Unternehmung irgendwelche Ansprüche stellen (deshalb «Anspruchsgruppen»).

Zu den typischen Stakeholdern einer Unternehmung gehören:
- Shareholder (Aktionäre/Genossenschafter/Inhaber von Obligationen)
- die Kunden
- die Lieferanten
- die Mitarbeiter
- der Staat/Kantone/Gemeinden
- die Anwohner
- Interessengruppen mit bestimmten Zielen (z.B. Gewerkschaften, Umwelt-, Heimatschutz)

Die verschiedenen Stakeholder haben unterschiedliche Wünsche und Anforderungen. Die Shareholder (Aktionär/Besitzer) den Gewinn, die Mitarbeitenden sichere Arbeitsplätze und die Kunden gute Produkte und Dienstleistungen zu einem guten Preis. Die Anwohnenden wollen möglichst wenig Emissionen Lärm und Abgase, der Staat verlangt die Einhaltung von Sicherheits- und anderen Auflagen, und die Interessengruppen fordern bessere Arbeitsbedingungen für die Mitarbeiter. Der Umweltschutz verlangt ein intakte Umwelt und die Tierschützer, dass keine Tiere betroffen sind.

1.1.3 Interne/ Externe Stakeholder

Als interne Stakeholder bezeichnet man jene Interessensgruppen, die innerhalb des Unternehmens agieren und ihren Einfluss ausüben. Dazu zählen in erster Linie zwei Bereiche: die Gruppe der Mitarbeiterinnen und Mitarbeiter einerseits und das Management andererseits. Schon alleine diese beiden Definitionen wirken sich völlig unterschiedlich aus und haben grossen Einfluss auf die Gestaltungsmöglichkeiten des Unternehmens.

Das Personal möchte angenehme Arbeitsbedingungen, eine volle Auslastung und gutes Geld haben, wobei die Arbeitsplätze auch noch sicher sein sollen. Das Management möchte möglichst wenig Geld ausgeben und möglichst viel Geld verdienen können. Beides zusammen scheint nicht möglich, doch angenehmes Arbeitsklima sorgt für hohe Motivation und damit für mehr Profit, womit das Unternehmen sehr wohl auf dem richtigen Weg ist.

So wie es die internen Stakeholder gibt, die durch Personal und Management repräsentiert werden, gibt es auch Interessengruppen, die von aussen auf das Unternehmen wirken. Man spricht in diesem Fall von den externen Stakeholdern. Externe Stakeholder sind zum Beispiel das Finanzministerium, die Lieferanten und andere Geldgeber wie Banken und ähnliche Institutionen. Dabei können die Interessen durchaus unterschiedliche sein, aber generell möchten alle Anteil am Erfolg des Unternehmens haben und sind daran interessiert, dass das Unternehmen gut läuft.

Werden Stakeholder im RE nicht genügend berücksichtigt, dann kann dies zu mangelhaften Anforderungen und Wiederständen führen.

Abbildung 1: Stakeholder und Unternehmung

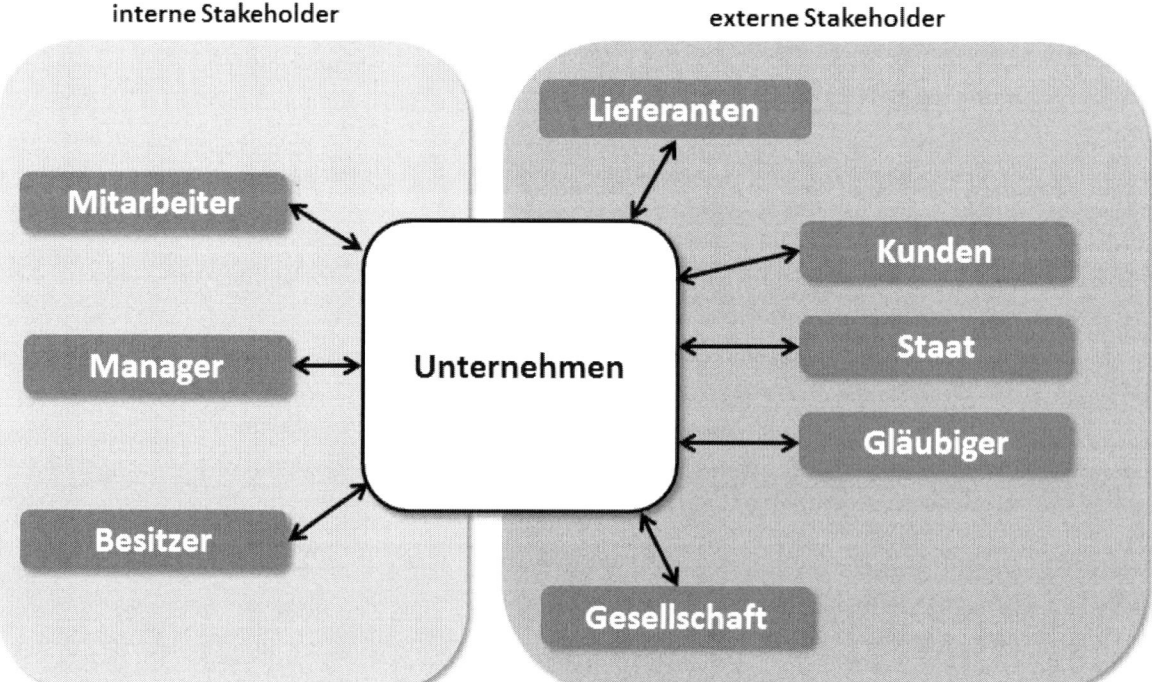

Wenn es so etwas wie die goldene Regel des Umgangs mit Stakeholdern gibt, dann ist das „Betroffene zu Beteiligten machen." Die von einem Projekt direkt oder indirekt betroffenen Menschen sollen in geeigneter Weise eingebunden werden. Die Form der Einbindung ist je Gruppe unterschiedlich und entsprechend der jeweiligen Bedürfnisse auszugestalten. Den einen reicht ein monatlicher Newsletter, die anderen brauchen eine Hotline und wieder andere entscheiden sogar mit.

1.1.4 Verhinderung von mangelhaftem RE

- System- und Systemkontext muss bekannt sein, abgegrenzt und akzeptiert werden. Es kann nicht sein, dass das System ständig erweitert und anders definiert wird.
- Anforderungen müssen bekannt, durch alle Betroffenen akzeptiert, Eindeutig und ohne Widersprüche sein.
- Anforderungen müssen gemanaged werden.
- Anforderungen müssen strukturiert dokumentiert sein.
- Klare Spielregeln bei Konflikten zwischen Linie und Projekt aufstellen.
- Kommunikation aktiv gestalten.
- Erfahrungen aus früheren Projekten vor Projektstart nutzen.
- Kosten und Nutzen des Projekts stets verfolgen.
- Einbindung der Betroffenen in das Projekt – Betroffene zu Beteiligten machen

1.2 Die vier Haupttätigkeiten des RE kennen

Die vier sind das **Ermitteln (siehe Abschnitt 3)**, das **Dokumentieren**, das **Prüfen/Abstimmen** sowie das **Verwalten** von Anforderungen:

Abbildung 2: Prozess Haupttätigkeiten

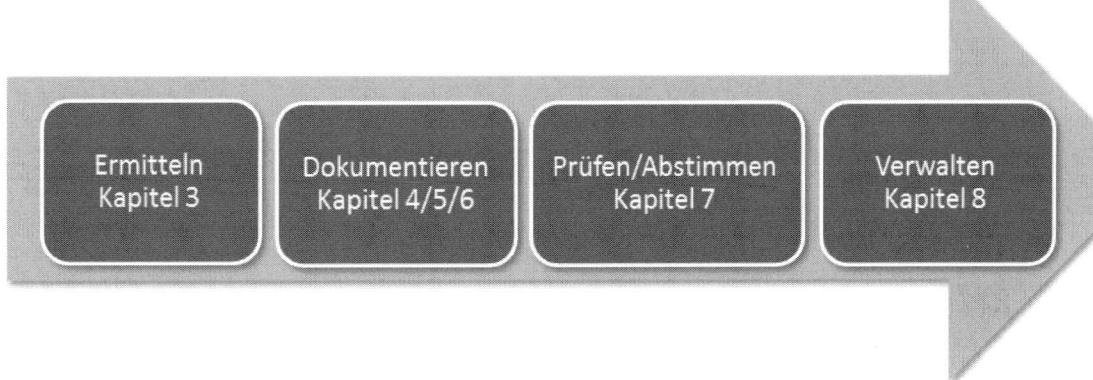

Ziel ist es mit den Haupttätigkeiten des RE die Anforderungsspezifikation zu erstellen und im Entwicklungsprozess die notwendige Unterstützung zu leisten.

1.2.1 Anforderungsspezifikation

Ist systematisch dargestellte Sammlung von Anforderungen an ein System, eine Komponente oder Dienstleistung, welche entwickelt oder beschafft werden soll. Die Erstellung einer Anforderungsspezifikation kostet Geld, ohne dass diesem Aufwand ein unmittelbar sichtbarer Ertrag in Form von Programmen gegenübersteht. Das Spezifizieren von Anforderungen ist also nur dann wirtschaftlich, wenn dem dafür zu betreibenden Aufwand entsprechende Einsparungen gegenüberstehen. Requirements Engineering, das systematische Spezifizieren von Anforderungen, hat daher das klare Ziel, Kosten zu senken.

Dass dieses Ziel realistisch ist, zeigt folgende Überlegung: Fehlerkosten, d.h. die Kosten für die Lokalisierung und Behebung von Fehlern, machen einen wesentlichen Teil der Gesamtkosten einer Systementwicklung aus. Anforderungsfehler sind dabei die teuersten Fehler, weil sie beim Fehlen einer Anforderungsspezifikation typisch erst bei der Abnahme oder im Betrieb gefunden werden und die Fehlerkosten exponentiell mit der Verweildauer der Fehler im System wachsen.

Weitere wirtschaftliche Vorteile ergeben sich dadurch, dass mit Hilfe einer sorgfältigen Anforderungsspezifikation die Kundenzufriedenheit gesteigert werden kann, indem die Erwartungen der Kunden besser erfüllt und zuverlässigere Kosten- und Terminprognosen abgegeben werden können.

Wie soll eine Anforderungsspezifikation sein:
- Vollständig – beschreibt alles, was der Kunde will bzw. braucht für das neue System
- Widerspruchsfrei – sonst ist die Spezifikation nicht realisierbar
- Verständlich – für alle Beteiligten, Kunden wie Informatiker
- Eindeutig – vermeidet Fehlinterpretationen – möglichst genaue Beschreibung
- Prüfbar – später festzustellen können, ob das realisierte System die Anforderungen erfüllt

Ein guter Spezifikationsprozess ist charakterisiert durch:
- Kundenorientierung – Einbezug der Stakeholder
- Methodisches und zielgerichtetes Vorgehen
- Verwendung geeigneter Mittel

1.2.2 Ermitteln von Anforderungen (Haupttätigkeit 1).

⇨ Details werden im Kapitel 3 beschrieben.

Als Voraussetzungen für Anforderungen müssen zuerst die bestehenden Informationen gesammelt und geordnet werden. In den meisten Fällen ist es so, dass bereits etwas „Altes", früheres vorhanden ist und in den seltensten Fällen auf der Grünen Wiese begonnen werden muss. Unter Umständen kann es aber durchaus sinnvoll sein, etwas von Grund auf neu zu beginnen.

Vielfach stehen die Stakeholder im Mittelpunkt bei der Aufnahme von Anforderungen. Als Stakeholder bezeichnet man jene Interessensgruppen, die innerhalb des Unternehmens agieren und ihren Einfluss ausüben. Diese können:
- Mitarbeiter des betroffenen Bereiches sein
- Vorgesetzte und das Management des betroffenen Bereiches sein
- Kunden sein, welche betroffen sind und Einfluss haben auf das Vorhaben

1.2.3 Dokumentieren (Haupttätigkeit 2)

⇨ Details werden im Kapitel 4,5,6 beschrieben.

In allen Arten von Dokumentationsrichtlinien sind die folgenden Schritte in der einen oder anderen Form vorhanden. Es werden Anforderungen gesammelt, durch Analyse soll ein gemeinsames Verständnis hergestellt werden, die Anforderungen werden textlich oder in Modellen dokumentiert, d. h. spezifiziert. Meistens wird die Dokumentation als lästige Pflicht betrachtet, die man „irgendwie" erledigen muss. Doch was muss eigentlich dokumentiert werden? Und vor allen Dingen warum überhaupt?

Zentrale Bedeutung einer Anforderung:
Ein neu zu entwickeltes System hat möglicherweise hunderte von Anforderungen. Diese können nicht nur im Kopf bei mehreren Leuten vorhanden sein, sondern es muss sichergestellt werden, dass diese Anforderungen allen betroffenen Personen im Projekt zugänglich sind und sie damit arbeiten können.

1.2.4 Prüfen/Abstimmen (Haupttätigkeit 3)

⇨ Details werden im Kapitel 7 beschrieben.

Dokumentierte Anforderungen müssen frühzeitig geprüft und abgestimmt werden. Dazu stehen verschiedene Methoden zur Verfügung. Somit wird sichergestellt, dass alle involvierten Parteien die Anforderungen verstanden haben und diese anerkennen. Vollständigkeit und Korrektheit sind wesentliche Qualitätsanforderungen.

1.2.5 Verwalten (Haupttätigkeit 4)

⇨ Details werden im Kapitel 8 beschrieben.

Die Verwaltung der Anforderungen wird parallel zu den anderen Tätigkeiten gemacht. Anforderung sind zu strukturieren, konsistent zu erhalten und neue und gelöschte Anforderung sind nachzuführen. Es muss auch ein einheitlichen Change Prozess vorhanden sein, damit die Anforderungen nicht laufend zunehmen.

1.3 Die Rolle der Kommunikation im RE kennen

Sprache ist das wichtigste Mittel zur Kommunikation von Anforderungen. Insbesondere ist es dabei wichtig, sich auf eine gemeinsame Begriffswelt zu verständigen. Weiterhin spielt auch das Kommunikationsmedium (schriftlich oder mündlich) eine grosse Rolle. Bei der Kommunikation müssen die Beteiligten mit der Fokussierung und Vereinfachung bewusst umgehen.

Zwischenmenschliche Kommunikation geschieht nicht nur in gesprochener oder geschriebener Sprache, sondern auch nonverbal, durch Mimik und Gestik (Gebärdenunterstützte Kommunikation), durch Tonfall und Rhythmus (Vokale Kommunikation), durch Nähe oder Distanz und mit dem Einsatz von Hilfsmitteln.

Sprachliche Bequemlichkeit
Weil der Sprecher oder der Schreiber aus Gründen der Zeitersparnis und Bequemlichkeit eine reduzierte Sprache verwendet, können Informationen verloren gehen. Informationen werden nicht weitergegeben oder nicht in der notwendigen Detaillierungsform. Diese führt nachfolgend dann immer wieder zu Missverständnissen. Durch verschiedene Massnahmen können Missverständnisse vermieden werden.

Abbildung 3: Vermeidung von Missverständnissen

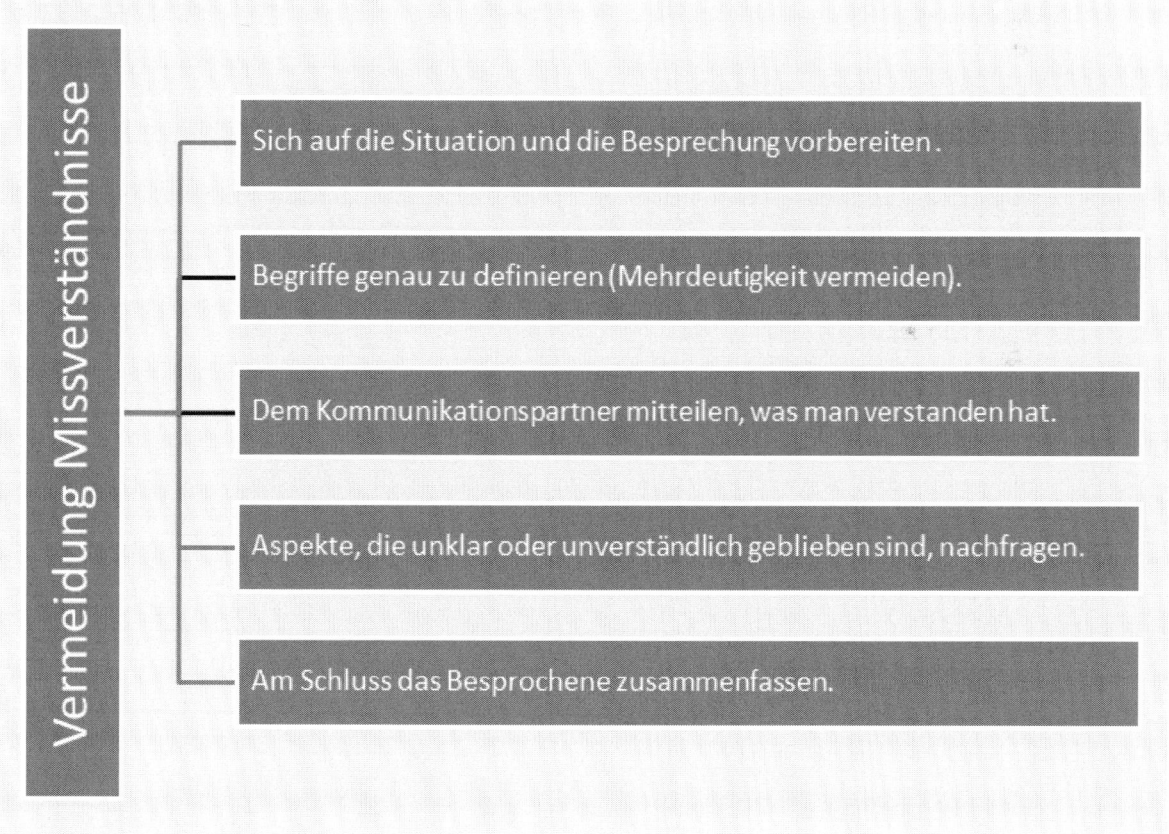

Implizites Vorwissen
Der RE geht meist davon aus, dass der Betroffene ein Vorwissen hat und bereits über die Ist-Situation wie auch über die bestehenden Prozesse informiert ist. Leider kann davon nicht immer ausgegangen werden, und es empfiehlt sich, dies vorgängig abzuklären.

1.4 Eigenschaften eines Requirements Engineers kennen

Analytisches Denken: Der Requirements Engineer muss in der Lage sein, sich in ihm unbekannte oder wenig bekannte Fachgebiete und Sachverhalte schnell einzuarbeiten, und dabei komplizierte Probleme und Zusammenhänge zu verstehen und analysieren zu können. Wer eine analytische Denkweise mitbringt, ist in der Lage, komplexe Zusammenhänge schnell zu verstehen. Er kann neue Lösungsstrategien für Probleme entwickeln, die von den bisher aufgetretenen eindeutig abweichen. Dazu ist es notwendig, zuerst alle Fakten zusammenzutragen und das Problem genau zu definieren. Aufgrund dieser Definition kann häufig die Ursache des Problems ermittelt werden. Danach kann eine Strategie zur Lösung und Einzelschritte festgelegt werden. Bei diesem Vorgehen ist es entscheidend, die gesamtunternehmerischen Zusammenhänge nicht aus dem Auge zu verlieren und in langfristigen Zeiträumen zu denken.

Beharrlichkeit: Allgemeinsprachlich versteht man darunter, dass ein Mensch die Fähigkeit besitzt, ein Ziel ausdauernd zu verfolgen und hartnäckig an ihm festzuhalten. Es drückt also Ausdauer, Entschiedenheit, Entschlossenheit und Standhaftigkeit aus. Selbst wenn das Ziel, welches verfolgt wird, durch Rückschläge in weitere Ferne rückt, schaffen es Menschen, die mit der Beharrlichkeit ausgerüstet sind, ihr Ziel mit sehr starkem Willen zu verfolgen.

Empathie: Der Requirements Engineer hat die schwierige Aufgabe zu erkennen, was ein Stakeholder tatsächlich benötigt. Hierfür ist ein ausgeprägtes Einfühlungsvermögen eine der zentralen Voraussetzungen. Empathie bezeichnet die Fähigkeit und Bereitschaft, Gedanken, Emotionen, Motive und Persönlichkeitsmerkmale einer anderen Person zu erkennen und zu verstehen. Nicht immer einfach, da vielfach die Stakeholder sehr am alten System hängen oder sie Angst haben, dass man ihnen etwas wegnimmt.

Kommunikationsfähigkeit: Kommunikationsfähigkeit ist eine der wichtigsten sozialen Kompetenzen. Kommunikation bildet die Basis für den souveränen Umgang mit Kunden und Kollegen Um die Anforderungen der Stakeholder zu erheben, richtig zu interpretieren und zu kommunizieren, muss der Requirements Engineer über hohe kommunikative Fähigkeiten verfügen. Er muss zuhören können, zur rechten Zeit die richtigen Fragen stellen, bemerken, wenn Aussagen nicht den gewünschten Informationsgehalt haben, und rechtzeitig erforderliche Rückfragen stellen.

Konfliktlösungsfähigkeit: Die Konfliktlösungsfähigkeit beinhaltet das Erkennen von Interessengegensätzen, die persönliche Toleranz, Meinungen anderer auch dann noch zuzulassen, wenn sie der eigenen Vorstellung widersprechen. Durch unterschiedliche Meinungen der Stakeholder kommt es im Requirements Engineering häufig zu Konflikten. Der Requirements Engineer muss Konflikte erkennen, zwischen den Parteien vermitteln und schliesslich durch den Einsatz geeigneter Techniken die Meinungsverschiedenheit auflösen.

Moderationsfähigkeit: Der Requirements Engineer muss zwischen unterschiedlichen Meinungen vermitteln und Diskussionen leiten können. Dies gilt sowohl für Einzelbesprechungen als auch in Gruppengesprächen oder in Workshops, daher ist die Moderationsfähigkeit wichtig.

Selbstbewusstsein: Da der Requirements Engineer häufig im Mittelpunkt steht und dabei gelegentlich auch der Kritik ausgesetzt ist, benötigt er ein selbstbewusstes Auftreten und die Fähigkeit, sich auch durch hartnäckige Ablehnungen nicht aus dem Konzept bringen zu lassen. Er sollte Kritik niemals persönlich nehmen.

1.5 Die drei Arten von Anforderungen kennen

Warum sollte man Anforderungen definieren? Häufig hört man die Meinung, dass die Anforderungserhebung viel Zeit braucht und viel kostet. Die wesentlichen Ziele sind, dass

- die Wünsche und Bedürfnisse der Interesseneigner verstanden werden
- ein Konsens über die relevanten Anforderungen erzielt wird und die Anforderungen systematisch dokumentiert und verwaltet werden
- das Risiko zu minimieren, dass das zu entwickelnde System die Wünsche und Bedürfnisse der Interesseneigner nicht erfüllt

Man unterscheidet zwischen drei Arten von Anforderungen: **Funktionale Anforderungen**, **Qualitätsanforderungen** und **Randbedingungen**.

Funktionale Anforderungen:

Eine funktionale Anforderung legt fest, was das Produkt tun soll. Die Beschreibung der funktionalen Anforderungen erfolgt in einer bestimmten Struktur. Natürlichsprachig dokumentierte Anforderungen sind unübersichtlich und schwierig zu verwalten und zu bewerten. Die Unterscheidung zwischen einer funktionalen Anforderung und einer nichtfunktionalen Anforderung ist nicht immer einfach. Hauptsache ist, dass die Anforderung nicht vergessen wird.

Beispiele von funktionalen Anforderungen:

- *Das Produkt soll den Zins eines Kontos zu einem bestimmten Stichtag berechnen. Das ist der letzte Bankwerktag im Juni und der letzte Bankwerktag im Dezember.*
- *Möchte der Kunde sein Konto aufheben oder saldieren, so muss die Zinsberechnung im System manuell ausgelöst werden und der Zins wird vor der Aufhebung des Kontos gutgeschrieben. Als letzter Zinstag wird der letzte abgeschlossene Bankwerktag genommen.*

Qualitätsanforderungen / Randbedingungen.

Vielfach wird auch der Begriff „nichtfunktionale Anforderung (englisch non-functional requirement) genommen, der Begriff ist in der Literatur nicht einheitlich definiert. Gemeinsamer Nenner ist, dass sie über die funktionale Anforderung hinausgeht. Die nichtfunktionalen Anforderungen beschreiben, wie gut das Produkt oder System die Leistung erbringen soll.

Häufig werden neben den funktionalen und nicht funktionalen Anforderungen auch Randbedingungen (englisch *Constraints*) als Anforderungen beschrieben. Häufige Randbedingungen sind eine Obergrenze für Kosten und Termine für den Abschluss des Projekts.

Häufige Aspekte von Qualitäts- und nicht funktionalen Anforderungen sind:
- Aussehen und Handhabung eines Produktes oder Programmes
- Benutzbarkeit (Bedienbarkeit, Erlernbarkeit, Verständlichkeit)
- Flexibilität (Unterstützung von Standards)
- Korrektheit (Ergebnisse fehlerfrei)
- Leistung und Effizienz (Antwortzeiten, Ressourcenbedarf, Wirtschaftlichkeit)
- Portierbarkeit und Übertragbarkeit auf andere Systeme
- Performance
- Sicherheitsanforderungen (Vertraulichkeit, Informationssicherheit)
- Skalierbarkeit (Änderungen des Problemumfangs bewältigen)
- Wartbarkeit, Änderbarkeit
- Zuverlässigkeit (Systemreife, Wiederherstellbarkeit, Fehlertoleranz)

1.6 Rolle der Qualitätsanforderungen kennen

Anforderungen haben eine enorm wichtige Rolle bei der Entwicklung eines Produktes oder einer Anwendung. Egal ob dies in der Software-Entwicklung ist, in der Maschinenindustrie oder im Bau. Fehler verursachen Fehlerkosten, welche unter Umständen sehr hoch sind und zu Zeitverzögerungen führen können. Interne Fehlerkosten treten noch im Unternehmen auf, also ohne, dass der Kunde davon Kenntnis erhält. Sie erhöhen den erforderlichen Preis oder schmälern den Gewinn. Externe Fehlerkosten entstehen, wenn der Fehler bereits als Qualitätsmangel beim Kunden ist. Diese reduzieren den möglichen Gewinn (Preisnachlass, Garantiekosten, Rückrufaktion). Oft reduzieren sie die Nachfrage oder führen zum Verlust von Kunden (Imageschaden), wenn der Qualitätsmangel in der Presse breit geschlagen wird.

> **Beispiel:**[2]
> *Neue Brücke in Vorarlberg wird wieder abgerissen.*
> *Wegen eines Berechnungsfehlers muss eine in Vorarlberg fast fertig gebaute Strassenbrücke teilweise wieder abgerissen werden. Die Brücke würde dem Schwerverkehr nicht standhalten. Der Schaden beträgt 1,4 Millionen Euro.*
>
> Wegen eines gravierenden Fehlers bei der statischen Berechnung war in den Stützpfeilern zu wenig tragfähiger Stahl verbaut worden. Die neue Brücke zwischen Schruns und Bartholomäberg würde laut Experten dem Schwerverkehr nicht standhalten. Deshalb muss sie wieder abgerissen werden.
> Dadurch entstehe ein Schaden von rund 1,4 Millionen Euro, sagte ein Sprecher des Strassenbauamts. Die Verschuldensfrage und mögliche Haftungsansprüche müssten noch geklärt werden. Das Ingenieurbüro, dem der Fehler unterlaufen war, sei versichert.
> Die neue Brücke hätte im November eröffnet werden sollen. Nun kann sie voraussichtlich erst im Sommer 2017 dem Verkehr übergeben werden.

Abbildung 4: Qualitätsanforderungen

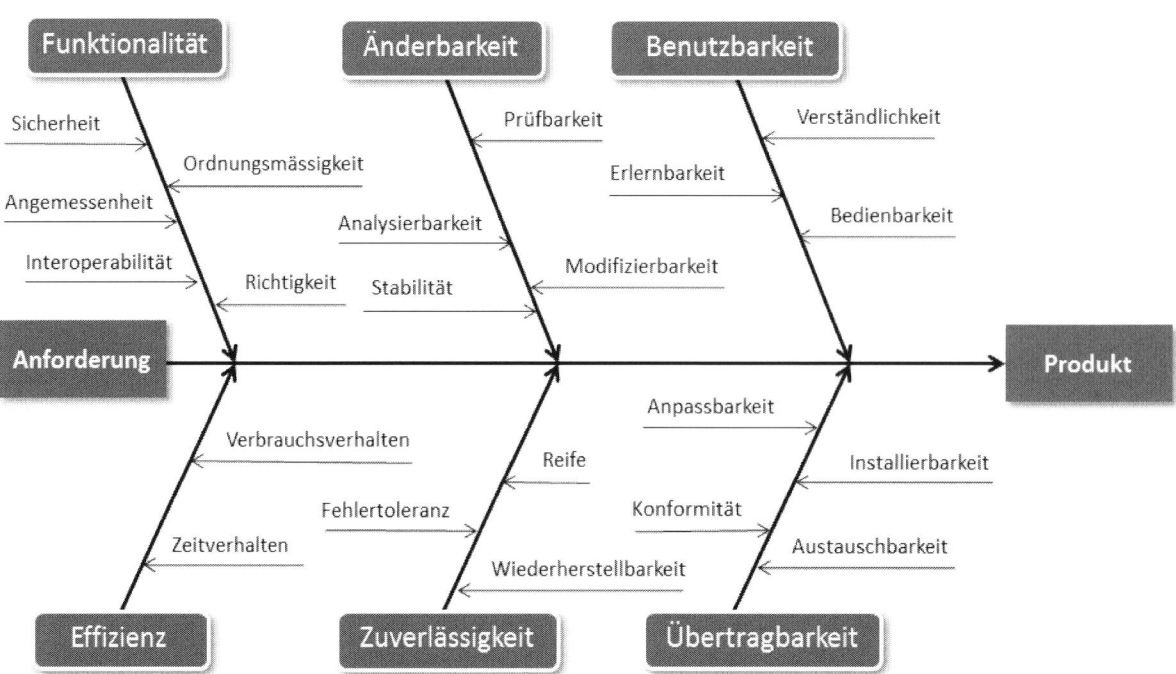

---

[2] Blick 25.08.2016

1.7 Repetitionsfragen zum Kapitel 1

1. Geben Sie an, welches die vier Haupttätigkeiten im Requirements Engineering sind? (1 Antwort)

1 Punkt

☐	A) Analysieren, Dokumentieren, das Prüfen/Abstimmen sowie das Archivieren von Anforderungen
☐	B) Ermitteln, Erheben, das Prüfen/Abstimmen sowie das Verwalten von Anforderungen
☐	C) Ermitteln, Dokumentieren, das Prüfen/Abstimmen sowie das Verwalten von Anforderungen
☐	D) Aufnehmen, Dokumentieren, das Korrigieren sowie das Verwalten von Anforderungen
☐	E) Ermitteln, Dokumentieren, das Prüfen/Abstimmen sowie das Weitergeben von Anforderungen an die Entwicklung.

2. Geben Sie an, welche drei Arten von Anforderungen sie als RE kennen? (3 Antworten)

3 Punkte

☐	A) Systemanforderungen
☐	B) Randbedingungen
☐	C) Qualitätsanforderungen
☐	D) Funktionale Anforderungen
☐	E) Personelle Anforderungen

3. Welche der folgenden Aussagen zu Gründen für mangelhaftes RE sind richtig und welche Aussagen sind falsch?

Richtig	Falsch	2 Punkte
☐	☐	A) Grund ist, dass zu viele Leute mitreden, zu viele Köche verderben den Brei.
☐	☐	B) Es hat Mehrdeutigkeiten in den Anforderungen.
☐	☐	C) Man findet keine Personen, welche das Thema kennen.
☐	☐	D) In den Anforderungen hat es oft Widersprüche.

4. Welche der folgenden Erklärungen über Qualitätsanforderungen sind falsch und welche Aussagen sind richtig?

Richtig	Falsch	2 Punkte
☐	☐	A) Qualitätsanforderungen werden nach den funktionalen Anforderungen ermittelt.
☐	☐	B) Qualitätsanforderungen können funktionale Anforderungen ergänzen.
☐	☐	C) Qualitätsanforderungen betreffen den RE-Prozess und nicht das Produkt.
☐	☐	D) Qualitätsanforderungen können mit zusätzlichen funktionalen Anforderungen detailliert werden.

5. Welche der folgenden Aufgaben ist **keine** Haupttätigkeit des Requirements Engineering? (1. Antwort)

1 Punkt

☐	A) Ermitteln von Anforderungen
☐	B) Umsetzung von Anforderungen
☐	C) Verwalten von Anforderungen
☐	D) Prüfen von Anforderungen

6. Welche Eigenschaften muss der Requirements Engineer **nicht** besitzen? (1. Antwort)

1 Punkt

☐	A) Analytisches Denken, Empathie
☐	B) Konfliktlösungsfähigkeit, Moderationsfähigkeit
☐	C) Verkaufsfähigkeit, Eigensinnigkeit
☐	D) Selbstbewusstsein und Überzeugungsfähigkeit

7. Wie können Sie verhindern, dass Projekte schief gehen oder scheitern? (2 Antworten)

2 Punkte

☐	A) Nur interne Mitarbeiter beteiligen – die kennen die Prozesse und die Firma am besten.
☐	B) Das Budget darf unter keinen Umständen überschritten werden, es ist immer einzuhalten.
☐	C) System- und Systemkontext muss bekannt sein, abgegrenzt und akzeptiert werden.
☐	D) Erfahrungen aus früheren Projekten vor Projektstart **nicht** nutzen, sonst werden Fehler wiederholt.
☐	E) Einbindung der Betroffenen in das Projekt – Betroffene zu Beteiligten machen

8. Welche Aussagen über Stakeholder sind richtig oder falsch?

2 Punkte

Richtig	Falsch	
☐	☐	A) Die Stakeholder sind immer die Finanzgeber des Projektes.
☐	☐	B) Werden die Stakeholder nicht berücksichtigt, dann kann es zu mangelhaften Anforderungen kommen.
☐	☐	C) Externe Stakeholder sind in einem Projekt immer wichtiger als interne Stakeholder.
☐	☐	D) Zu den Stakeholdern gehören sämtliche Gruppen von Menschen, die von Entscheidungen einer Unternehmung betroffen sind.

2. System und Systemkontext abgrenzen

Lernziele[3]	2.1 Systemkontext, System- und Kontextabgrenzung kennen 2.2 System- und Kontextgrenze bestimmen können und anwenden
Schlüsselbegriffe	Anwendungsfalldiagramm, Grauzone, Irrelevante Umgebung, Kontextgrenze, System, Systemkontext, Systemgrenze

2.1 Systemkontext, System- und Kontextabgrenzung kennen

Der Ursprung und damit auch die Rechtfertigung der Anforderungen eines Systems liegen im Systemkontext des geplanten Systems. Dies bedeutet, dass das Unternehmen sagen muss, was gehört zum Projekt und was nicht, damit eine klare Abgrenzung gemacht werden kann. Der Ursprung besteht aus der Menge aller Kontextaspekte, die die Definition der jeweiligen Anforderung oder aus dem Projekt initiiert oder beeinflusst wird:

- Personen (Stakeholder oder Stakeholdergruppen)
- Systeme im Betrieb (technische Systeme, Software und Hardware)
- Prozesse (technisch oder physikalisch, Geschäftsprozesse)
- Ereignisse (technisch oder physikalisch)
- Dokumente (z.B. Gesetze, Standards, Systemdokumentationen)

Aufgabe der Systemabgrenzung ist es festzulegen, welche Aspekte durch das geplante System abgedeckt werden, und welche Aspekte Teil der Umgebung dieses Systems sind. Bei der Kontextabgrenzung wird der Teil der Umgebung identifiziert, der eine Beziehung zu dem zu entwickelnden System hat.

2.2 System- und Kontextgrenze bestimmen können und anwenden (K2)

Abbildung 5: Kontextdiagramm

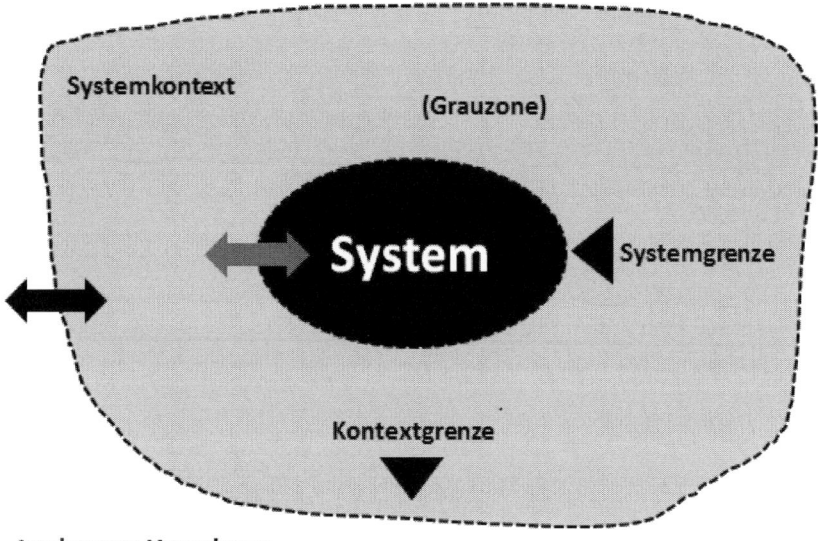

Was ist ein System

Mit dem System wird das bezeichnet, was entwickelt, geändert, angepasst oder gebaut wird. Dies kann eine neue Software sein, eine neue Dienstleistung, ein Haus oder etwas anderes. Auf das System haben Sie Einfluss, dort können Sie etwas ändern, das System ist der eigentliche Projektgegenstand. Systeme stehen aber

---
[3] Lehrplan IREB - Foundation Level - Version 2.2, 1. März 2015

nicht isoliert da, sie stehen in Interaktion mit anderen Systemen, mit bestehenden Prozessen, mit Personen, mit anderen Firmen etc..

Vorgehen Systemgrenze und Systemkontext festlegen:
In der Systemabgrenzung führt der Weg zu einem Kontextdiagramm über

1. Analyse der externen Partner (Stakeholder-Analyse)
- Für wen wird das System entwickelt
- Wer kann die Durchführung seiner Aufgaben durch die Nutzung des Systems erleichtern
- Wer ist Empfänger oder Lieferant von Leistungen
- Wer hat einen Informationsbedarf, den das IT-System abdecken kann
- Wer wird mit der Administration und Pflege des Systems betraut

2. Wirkung des Systems
- Was soll das System produzieren – was ist der Anforderungskatalog
- Welche Wirkungen beeinflussen das System von aussen
- Welche Leistungen bezieht das System von aussen

3. Materialfluss
- Wie sieht der Materialfluss zwischen externen Partnern (zum Beispiel Kunde, Lieferant) und System aus?

4. Kommunikationsflüsse
- Kommunikationsfluss zwischen externen Partnern und System.
- Durch welche Funktionen können Aufgaben besser zwischen externen Partnern koordiniert werden?
- Welche Informationen müssen externe Partner liefern, damit das System seine Aufgaben erfüllen kann?
- Wie müssen die Systemschnittstellen zu anderen Anwendungen / Informationssystemen beschaffen sein?

Systemgrenze
Die Systemgrenze ist häufig erst gegen Ende des RE-Prozesses präzise festgelegt. Zuvor sind gewünschte Funktionen und Qualitäten des geplanten Systems nur unvollständig oder überhaupt nicht bekannt. Dies kann zwar gefährlich sein, da dies die Zeit- und Kostenpläne durcheinander bringen kann. Deshalb gibt es eine Grauzone, in der die mögliche Systemgrenze liegt. Neben einer Verschiebung der Systemgrenze innerhalb der Grauzone kann sich auch die Grauzone selbst verschieben, z.B. wenn durch eine Verschiebung der Systemgrenze weitere Umgebungsaspekte wichtig werden.

Systemkontext:
Der Begriff Systemkontext beschreibt nichts anderes als die Umgebung eines Systems. Ein zu entwickelndes System steht niemals für sich alleine, sondern ist durch Interaktion mit dieser Umgebung verbunden. Diese können andere Firmen-Abteilungen sein, andere Mitarbeiter und Lieferanten. Sie sind zwar Projekt, Vorhaben oder einer neuen Dienstleistung betroffen, gehörten aber nicht zum Projektgegenstand.

Auch die Kontextgrenze kann sich über die Zeit verändern, z.B. wenn festgestellt wird, dass eine vormals als relevant eingestufte gesetzliche Vorschrift wider Erwarten keinerlei Auswirkung auf das geplante System hat, reduziert sich der Systemkontext an dieser Stelle. Auch bei der Kontextabgrenzung gibt es eine Grauzone. Sie umfasst identifizierte Aspekte der Umgebung, für die zum jeweiligen Zeitpunkt unklar ist, ob diese Aspekte eine Beziehung zum geplanten System haben oder nicht.

Zu möglichen Aspekten oder Interakteuren gehören:
- Personen
- Systeme, Nachbarsysteme
- Prozesse, Ereignisse
- Dokumente
- Schnittstellen

Welche Diagrammart für den Systemkontext nehmen? Es gibt keine bestimmte Anforderung, wie ein Kontextdiagramm dargestellt werden muss. Es muss für den Stakeholder leserlich sein, damit man mit Ihm darüber diskutieren kann. Ein Kontextdiagramm dient der Modellierung einer Systemumgebung in einer frühen Entwurfs- oder Analysephase. Das Kontextdiagramm stellt die oberste Hierarchieebene von Datenflussdiagrammen dar. Es handelt sich um ein abstraktes Datenflussdiagramm, mit dem die Schnittstellen des Systems zu dessen Umwelt abgebildet werden. Also können neben UML-Anwendungsfalldiagramme auch andere Diagramme verwendet werden.

UML-Anwendungsfalldiagramm
Bei Verwendung der UML übernimmt gewöhnlich das Anwendungsfalldiagramm die Rolle des Kontextdiagramms. Ein Anwendungsfalldiagramm (engl. use case diagram), auch Nutzfalldiagramm, ist eine der 14 Diagrammarten der Unified Modeling Language (UML), einer Sprache für die Modellierung der Strukturen und des Verhaltens von Software- und anderen Systemen. Es stellt Anwendungsfälle und Akteure mit ihren jeweiligen Abhängigkeiten und Beziehungen dar. Das Anwendungsfalldiagramm ist ein Verhaltensdiagramm. Es stellt das erwartete Verhalten eines Systems dar und wird deshalb dafür eingesetzt, die Anforderungen an ein System zu spezifizieren.

Abbildung 6: Anwendungsfalldiagramm

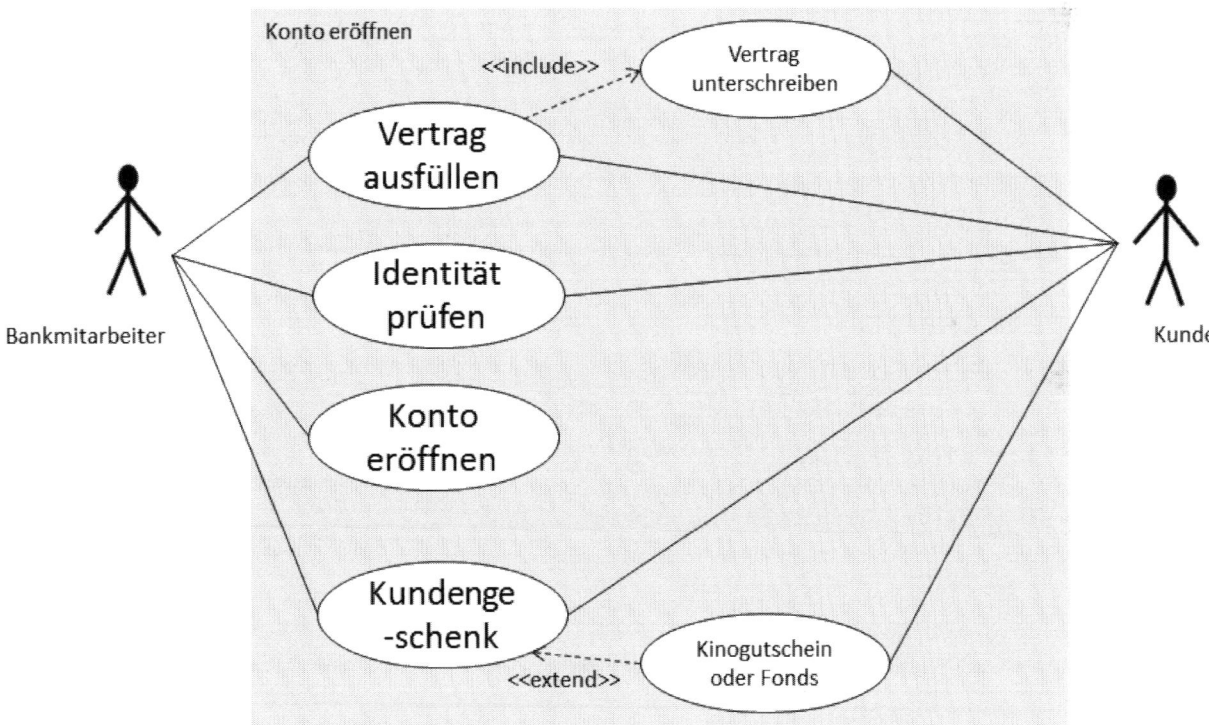

2.3 Repetitionsfragen zum Kapitel 2

1. Welche zwei Elemente kommen im Kontextdiagramm nicht vor. (2 Antworten)

1 Punkt

☐	A) Name der Komponenten
☐	B) Technisches Nachbarsystem
☐	C) Systemfunktion
☐	D) Logische Ausgänge
☐	E) Schnittstellen

2. Welche zwei der folgenden Dokumentationsformen eignen sich am besten zur Dokumentation des Systemkontexts. (2 Antworten)

1 Punkt

☐	A) Textuelle Beschreibung (Fliesstext)
☐	B) Datenflussdiagramm
☐	C) Zustandsdiagramm
☐	D) Stakeholderliste
☐	E) Use-Case-Diagramm

3. Was ist die Aufgabe der Systemabgrenzung.

1 Punkt

☐	A) Variantenbildung – damit die Auswahl für ein System gemacht werden kann.
☐	B) Basis für die Terminplanung im Projektmanagement.
☐	C) Notwendiger Detaillierungsgrad für die Budgetplanung im Detail.
☐	D) Festzulegen, welche Aspekte durch das geplante System abgedeckt werden

3. Anforderungen ermitteln (K2)

Lernziele[4]	3.1.1 Verschiedene Arten von Anforderungsquellen kennen
	3.1.2 Bedeutung von Anforderungsquellen und Auswirkung unberücksichtigter Anforderungsquellen kennen
	3.1.3 Wichtigste Informationen der Stakeholder Dokumentation kennen
	3.1.4 Wichtige Prinzipien im Umgang mit Stakeholdern kennen
	3.2.1 Inhalt und Bedeutung des Kano-Modells können und anwenden
	3.3.1 Einflussfaktoren für die Wahl der Ermittlungstechnik kennen
	3.3.2 Vor- und Nachteile von Ermittlungstechniken kennen
	3.3.3 Die folgenden Ermittlungstechniken sowie jeweils Beispiele können und anwenden: Befragungstechniken, Kreativitätstechniken, dokumentenzentrierte Techniken, Beobachtungstechniken und unterstützende Techniken
Schlüsselbegriffe	Anforderungsquellen, Anforderungskategorisierung, Befragungstechniken, Beobachtungstechniken, dokumentenzentrierte Techniken, Ermittlungstechniken, Kano-Modell, Kreativitätstechniken, Stakeholderliste

3.1 Anforderungsquellen (K1)

3.1.1 Verschiedene Arten von Anforderungsquellen kennen

Woher bekommen Sie verlässliche Anforderungen. Im Grunde liegen drei grosse Quellen vor, nämlich

- **Stakeholder:** Personen, die direkt oder indirekt Einfluss auf das Vorhaben/System haben.
- **Dokumente:** Gesetze, Normen, Benutzer-Handbücher oder sonstige Dokumentationen können zur Erhebung von Anforderungen genutzt werden.
- **Systeme:** Systeme im Betrieb, oft hilft es auch, ein Vorgängersystem oder ein Konkurrenzprodukt zu analysieren.

Abbildung 7: Anforderungsquellen

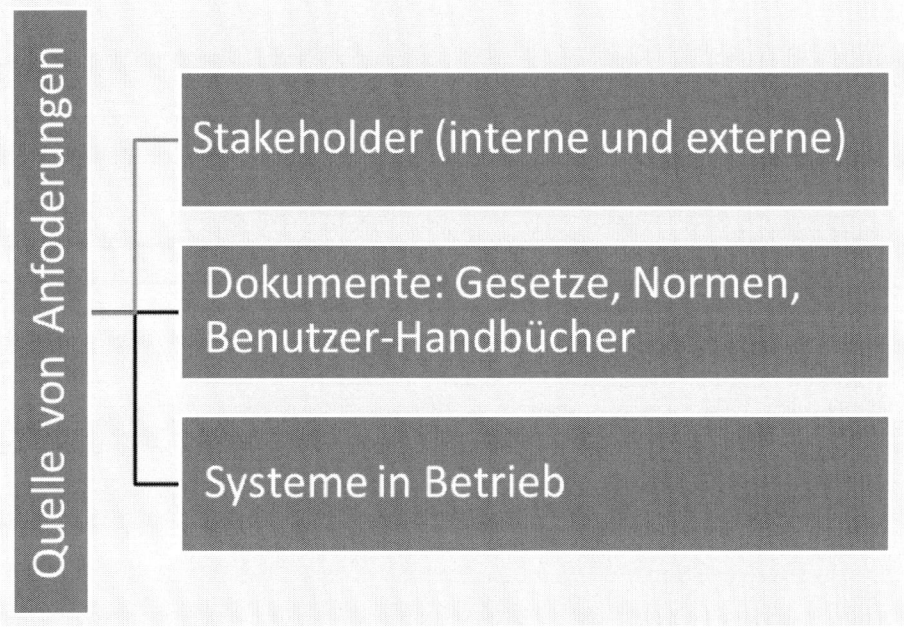

[4] Lehrplan IREB - Foundation Level - Version 2.2, 1. März 2015

3.1.2 Bedeutung von Anforderungsquellen

Die Aufgabe des RE ist es, die Ziele und Anforderungen aus den unterschiedlichen Anforderungsquellen zu sammeln. Bleiben Anforderungsquellen unberücksichtigt, kann dies grosse negative Auswirkungen auf den gesamten Projektverlauf haben. Was wären mögliche Auswirkungen:

- Es wird ein System entwickelt, welches nicht den Anforderungen der Personen entspricht, welche es nutzen.
- Es werden nicht alle funktionalen Eigenschaften, welche das System benötigt, berücksichtigt.
- Nachträglich hohe Wartungs- und Betriebskosten, da Funktionen nach Einführung nachträglich implementiert werden müssen.
- Akzeptanz der Benutzer und Stakeholder ist nicht da, weil sie sich übergangen fühlen oder ihnen wesentliche Funktionalitäten fehlen.

3.1.3 Wichtigste Informationen der Stakeholder Dokumentation kennen

Der Name Stakeholder stammt aus dem Englischen. „Stake" kann mit Einsatz, Anteil oder Anspruch übersetzt werden, „holder" mit Inhaber oder Besitzer. Der Stakeholder ist daher jemand, dessen Interessen auf dem Spiel steht und es ihm wichtig ist, dass die Sache zum Erfolg kommt. „Stakeholder" wird heutzutage nicht nur für Personen verwendet, sondern für alle, die ein Interesse am Verlauf oder Resultat eines Prozesses oder Projektes haben.

Die Erfahrung hat gezeigt, dass Stakeholder viel Wissen mitbringen, haben oft Vorstellungen, was ein System können soll. Anwender können Auskunft über die Handhabung eines Systems geben. RE und Entwickler wissen, was umsetzbar ist. Dieses Wissen ist meist in vielen Köpfen, und die Herausforderung des Requirements-Engineers ist es, alle Informationen und Angaben zu sammeln und so abzustimmen, dass am Schluss alle Anforderungen dokumentiert sind und von allen Beteiligten und Betroffenen akzeptiert werden.

Zu den Stakeholdern gehören sämtliche Gruppen von Menschen, die von Entscheidungen einer Unternehmung betroffen sind. Einfach gesagt, die an eine Unternehmung irgendwelche Ansprüche stellen (deshalb «Anspruchsgruppen»).

Zu den typischen Stakeholdern einer Unternehmung gehören:
- Shareholder (Aktionäre/Genossenschafter/Inhaber von Obligationen)
- die Kunden
- die Lieferanten
- die Mitarbeiter
- der Staat/Kantone/Gemeinden
- die Anwohner
- Interessengruppen mit bestimmten Zielen (z.B. Gewerkschaften, Umwelt-, Heimatschutz)

Die verschiedenen Stakeholder haben unterschiedliche Wünsche/Anforderungen. Die Shareholder den Gewinn, die Mitarbeitenden sichere Arbeitsplätze und die Kunden gute Produkte und Dienstleistungen zu einem guten Preis. Die Anwohnenden wollen möglichst wenige Emissionen Lärm und Abgase, der Staat verlangt die Einhaltung von Sicherheits- und anderen Auflagen, und die Interessengruppen fordern bessere Arbeitsbedingungen für die Mitarbeiter. Der Umweltschutz verlangt eine intakte Umwelt und die Tierschützer, dass keine Tiere betroffen sind.

Der erste Schritt ist es herauszufinden, wer die relevanten Stakeholder sind, denn schon allein aus Zeit- und Kostengründen ist es nicht sinnvoll, zu viele Stakeholder mit ins Boot zu nehmen. Für jede relevante Gruppe an Stakeholdern, z. B. Anwender, Käufer, Kunden, Betreiber, Support, Tester usw., sollten zwei bis maximal drei Personen vertreten sein.

Stakeholderliste

Um die wichtigen Informationen über Stakeholder schnell zu erfassen, sollte eine Stakeholderliste so knapp wie möglich und so umfangreich wie nötig gestaltet sein. Wenn Sie es schaffen, einen Vertreter jeder Stakeholdergruppe in der Liste der Anforderungsermittlung einzubinden, wird Ihnen das im Laufe des Projekts eine grosse Hilfe sein, wenn es darum geht, die Anforderungen möglichst vollständig zu erheben. Wichtige Angaben über Stakeholder sind:

- Vorname/Name des Stakeholders, Gruppe von Stakeholdern
- Funktion im Unternehmen
- Rolle im Projekt
- Kontaktdaten des Stakeholders
- Verfügbarkeit: Wann und wie ist der Stakeholder erreichbar
- Wissen: Gebiet und Umfang
- Relevanz für das Projekt
- Interessen und Ziele des Stakeholders in Bezug auf das System

Abbildung 8: Muster Stakeholder-Analyse in Excel

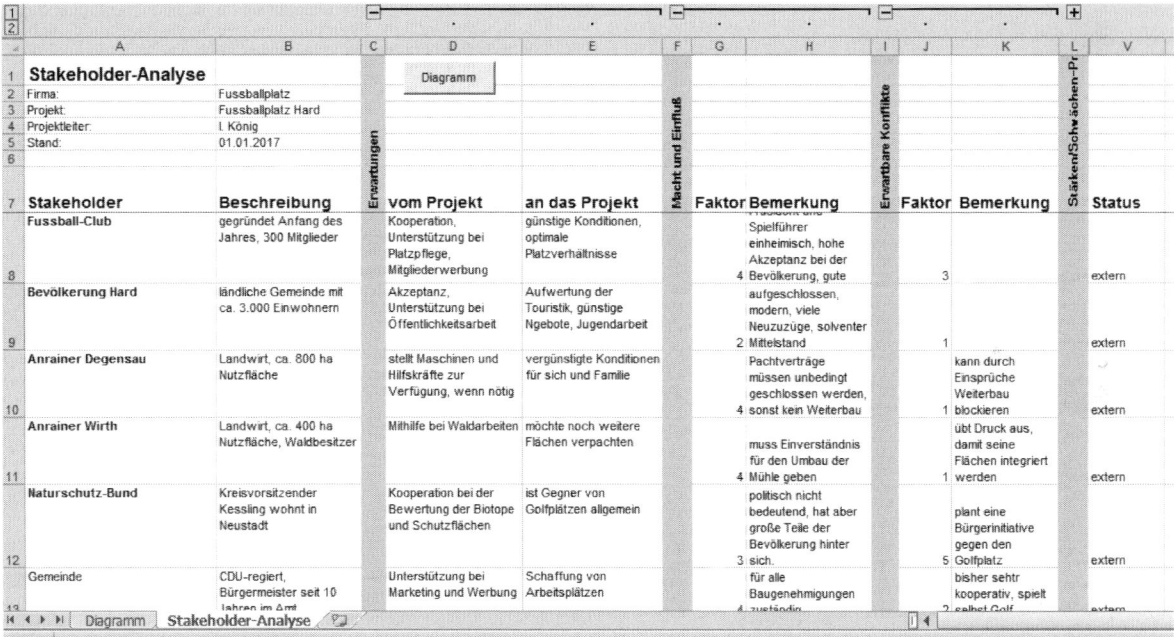

3.1.4 Wichtige Prinzipien im Umgang mit Stakeholdern

Damit man weiss, wie man mit den Stakeholdern umgehen muss, müssen diese zuerst kategorisiert werden. Danach kann definiert werden, welche Strategie im Umgang angewendet werden soll.

Die Stakeholder können geordnet werden nach:
- Ihrem Einfluss auf andere Stakeholder
- Ihrem Entscheidungspotenzial (finanziell, technisch, politisch, etc.)
- Ihrer Einstellung zum Projekt (Gegner, Konkurrent, Befürworter, neutral,...)
- Ihrer Rolle im Projekt
- Ihren Beziehungen untereinander

Man könnte jeden einzelnen Stakeholder gleich behandeln. Das ist aber wenig sinnvoll.

Behandlung von Stakeholdern[5]

Warum soll man nicht alle Stakeholder gleich behandeln? Zum Beispiel weil wir beim Bewerten der Stakeholder herausgefunden haben, dass einige davon nur wenig Macht haben und kaum Einfluss auf das Projekt nehmen können. Für diese scheint es wenig angebracht, extrem hohen Aufwand in ihre Betreuung zu stecken. Unterstützer werden Sie anders als Projektgegner behandeln wollen. Für unterschiedliche Stakeholder-Gruppen gibt es nun auch verschiedene Strategien.

Partizipativ – Stakeholder als Partner

Stakeholder werden hier aktiv in das Projekt eingebunden. Sie können mitbestimmen, werden regelmässig informiert und „partizipieren" am Projekt. Diese Strategie hat viele Vorteile:
- Die Akzeptanz des Projektes wird erhöht.
- Die Stakeholder sind motiviert, das Projekt zum Erfolg zu führen.
- Die Wahrscheinlichkeit für Konflikte wird verringert.

Diskursiv – Wir reden miteinander

Die zweite Strategie sieht die Stakeholder nicht mehr ganz so partnerschaftlich. Stakeholder werden angehört, ihre Meinung aufgenommen und wenn möglich im Projekt verarbeitet. Eine aktive Beteiligung im Projekt findet nicht statt.
- Regelmässige Statusmeetings
- Beteiligung an Umfragen
- Verhandlungen

Repressiv/Restriktiv – Stakeholder werden nur informiert

Diese Strategie ist besonders für Stakeholder mit geringem Einfluss geeignet. Mitarbeit oder Diskussionen finden nicht statt. Die Stakeholder werden trotzdem informiert – allerdings handelt es sich hier um eine einseitige Kommunikation:
- Newsletter
- Statusmitteilungen
- Projektberichte

Abbildung 9: Strategien Stakeholder (von http://projekte-leicht-gemacht.de)

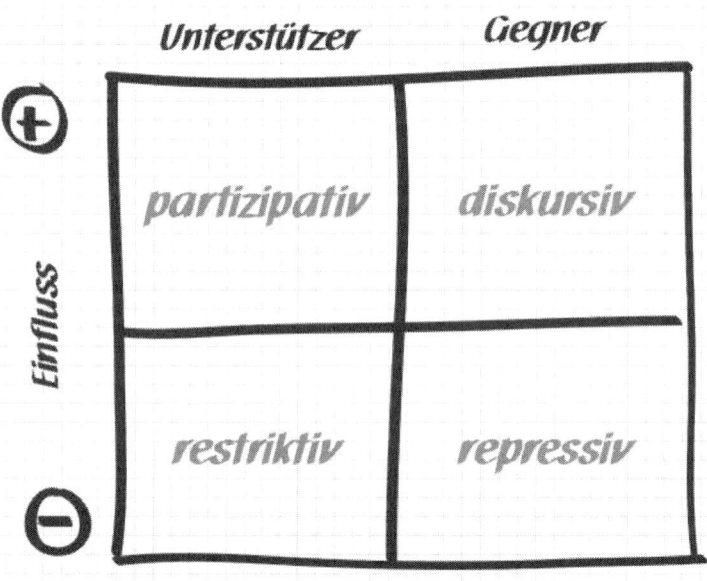

---

[5] http://projekte-leicht-gemacht.de/blog/pm-methoden-erklaert/stakeholder-strategien/

3.2 Anforderungskategorisierung nach dem Kano-Modell (K2)

Für die Anforderungsermittlung ist das Wissen, welche Bedeutung die Anforderungen für die Zufriedenheit der Stakeholder haben, entscheidend. Diese Zufriedenheit wird nach dem Modell von Dr. Kano in drei Kategorien eingeteilt. Das **Kano-Modell** ist ein Modell zum systematischen Erarbeiten der Kundenzufriedenheit in einem Projekt oder für ein komplexes Produkt. Es beschreibt den Zusammenhang zwischen dem Erreichen bestimmter Eigenschaften eines Produktes/Dienstleistung und der erwarteten Zufriedenheit von Kunden. Die Dienstleistungen können in drei Kategorien unterteilt werden.

- **Basis-Merkmale**, die so grundlegend und selbstverständlich sind, dass sie den Kunden erst bei Nichterfüllung bewusst werden. Werden die Grundanforderungen nicht erfüllt, entsteht Unzufriedenheit; werden sie erfüllt, entsteht aber keine Zufriedenheit, weil diese als selbstverständlich angeschaut werden.
  >> Bank: Hat Bancomat, hat in jeder Stadt eine Filiale, man kann Zahlungsverkehr machen, hat ein E-Banking, man kann tagsüber seinem Kundenberater telefonieren
- **Leistungs-Merkmale** sind dem Kunden bewusst, sie beseitigen Unzufriedenheit oder schaffen Zufriedenheit abhängig vom Ausmass der Erfüllung. Fehlen diese, wird eine Unzufriedenheit ausgelöst.
  >> Bank: Zahlungseingänge werden sofort gutgeschrieben, Support löst Probleme schnell und unbürokratisch
- **Begeisterungs-Merkmale** sind dagegen Nutzen bringende Merkmale, mit denen der Kunde nicht unbedingt rechnet. Sie zeichnen das Produkt gegenüber der Konkurrenz aus und rufen Begeisterung hervor. Eine kleine Leistungssteigerung kann zu einem überproportionalen Nutzen führen. Die Differenzierungen gegenüber der Konkurrenz können gering sein, der Nutzen aber enorm.
  >> Bank informiert, wenn eine gute Anlagemöglichkeit vorhanden ist, Bank gratuliert an einem Geburtstag, Kundeberater begrüsst Kunde auf der Strasse mit dem Namen
- **Unerhebliche Merkmale** sind sowohl bei Vorhandensein wie auch bei Fehlen ohne Belang für den Kunden. Sie können daher keine Zufriedenheit stiften, führen aber auch zu keiner Unzufriedenheit.
  >> Bank: Die Bank hat neu über 1 Mio. Kunden, es wird im Ausland eine neue Filiale eröffnet
- **Rückweisungsmerkmale**: Führen bei Vorhandensein zu Unzufriedenheit, bei Fehlen jedoch nicht zu Zufriedenheit.
  >> Bank: Zahlungen werden verspätet gutgeschrieben, Spesen bei Kontoüberschreitungen

Veränderungen der Faktoren im Kano-Modell
Mit der Zeit werden aus Begeisterungsfaktoren Leistungsfaktoren und dann irgendwann Basisfaktoren.
Beispiel: Der Kunde bringt sein Fahrzeug in die Autowerk-Werkstatt, und es wird stets nicht nur repariert, sondern auch noch gewaschen (Begeisterungsfaktor). Nach einiger Zeit hat sich der Kunde an diesen Service gewöhnt. Er empfindet ihn als selbstverständlich. Bleibt er einmal aus oder soll der Kunde dafür extra bezahlen, wird er unzufrieden. Aus dem Begeisterungsfaktor ist ein Leistungsfaktor geworden.

Wichtigkeit des Kano-Modells:
- Das Kano-Modell zeigt, dass Anforderungen verschiedener Kategorien gestellt werden können, die die Kundenzufriedenheit beeinflussen. Was muss man dem Kunden bieten, damit er begeistert ist vom neuen Produkt, was muss unbedingt dabei sein, weil es sonst zu Unzufriedenheit führt.
- Den Nutzen von Produkten durch die Anzahl von Basismerkmalen zu steigern, führt nicht zu einer erfolgreichen Differenzierung gegenüber den Wettbewerbern, da diese als selbstverständlich betrachtet werden.
- Leistungsmerkmale lassen sich ermitteln und das Vorhandensein oder das Fehlen entsprechender Merkmale haben direkten Einfluss auf die Zufriedenheit der Kunden.
- Begeisterungsmerkmale bieten die grösste Chance, sich von der Konkurrenz abzuheben. Da sie aber vom Kunden nicht erwartet oder gefordert werden, sind sie nicht leicht zu ermitteln.
- Rückweisungsmerkmale gilt es auf alle Fälle zu vermeiden, denn sie führen zur direkten Ablehnung und zu schlechtem Image.

3.3 Ermittlungstechniken (K2)

Techniken bei der Ermittlung - Lernziele:
3.3.1 Einflussfaktoren für die Wahl der Ermittlungstechnik kennen
3.3.2 Vor- und Nachteile von Ermittlungstechniken kennen.
3.3.3 Die folgenden Ermittlungstechniken sowie jeweils Beispiele können und anwenden:
Befragungstechniken, Kreativitätstechniken, dokumentenzentrierte Techniken, Beobachtungstechniken und unterstützende Techniken

Ermittlungstechniken erfüllen den Zweck, die bewussten, unbewussten und unterbewussten Anforderungen der Stakeholder herauszufinden. Wichtige Einflussfaktoren zur Wahl für die Ermittlungstechnik sind Risikofaktoren, menschliche Einflüsse, organisatorische Einflüsse, fachlich-inhaltliche Einflüsse und der angestrebte Detaillierungsgrad der Anforderungen. Für unterschiedliche Produkte des RE werden verschiedene Techniken benötigt.

Existierende Anforderungen lassen sich durch Befragungen oder Analysen ermitteln, neue und innovative Anforderungen hingegen vor allem durch den Einsatz von Kreativitätstechniken.

Befragungen können schriftlich oder mündlich (als Interview) durchgeführt werden; in beiden Fällen ist die Nutzung von Fragebögen möglich. Da sich mit Befragungen nur Anforderungen erfassen lassen, die den befragten Personen bewusst sind und die artikuliert werden können, sollte diese Ermittlungstechnik durch mindestens eine Form der Analyse ergänzt werden.

Abbildung 10: Techniken bei der Ermittlung

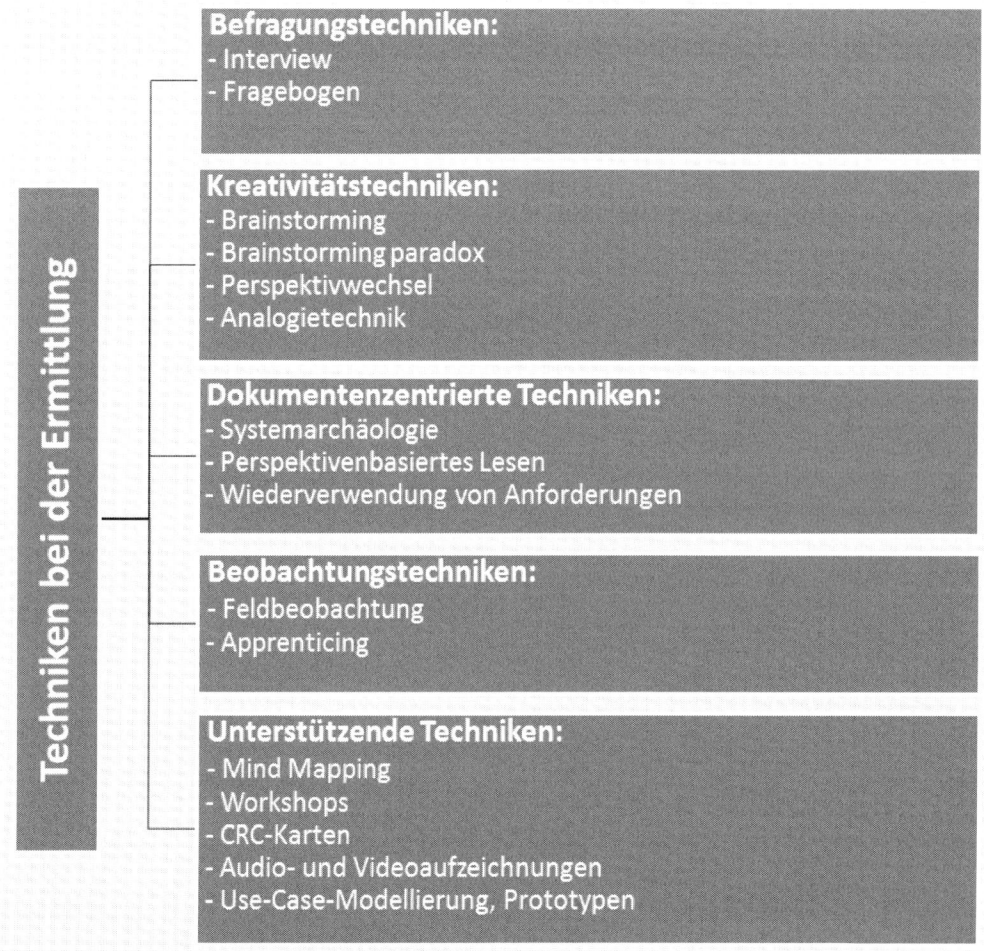

3.3.1 Ermittlungstechnik - Interview

Interview:
Das Interview ist ein Gespräch mit einzelnen Personen. Es dient dazu, eine kleine, spezifische Nutzergruppe besser kennenzulernen und herauszufinden, wie sie sich die Produkteigenschaften vorstellen, interpretieren und nutzen wollen. Die Methode ist besonders für Produktinnovationen geeignet, weil die Personen sofort detailliertes Feedback geben können.

Varianten:

Nicht-standardisiertes oder offenes Interview
Beim nicht-standardisierten/offenen Interview ist keine Fragenabfolge festgelegt, das heisst: Sowohl die Frageformulierung als auch die Reihenfolge der Fragen werden dem Interviewer überlassen. Es wird nur ein Rahmenthema vorgegeben, und der Befragte soll möglichst ohne Einflussnahme sprechen.

Halb-standardisiertes Interview
Beim halb-standardisierten Interview ist die Frageformulierung festgelegt, nicht aber, wann die Fragen gestellt werden müssen. Hier besteht die Möglichkeit, die Fragen so zu stellen, dass sie in den sich entwickelnden Gesprächsverlauf passen. In der Praxis werden in dieser Form die meisten Interviews durchgeführt.

Standardisiertes Interview
Beim standardisierten Interview sind die Formulierung der Fragen, ihre Reihenfolge sowie die Antwortmöglichkeiten und das Interviewverhalten genau festgelegt. Durch den Aspekt der vorgegebenen Antwortmöglichkeiten erhält man quantitative und auswertbare Daten.

Vorteile:	Anwendung:
+ Betroffene werden zu Beteiligten gemacht	Die Methode ist besonders für Produktinnovationen geeignet, weil die Personen sofort detailliertes Feedback geben können.
+ Bessere Akzeptanz	
+ Unklarheiten können sofort thematisiert werden	
+ Rückfragen möglich	
+ Weniger Verweigerer	
Nachteile:	
- Aufwendig, mit jeder Person einzeln	
- Zeitaufwand, evtl. Reisekosten	
- Effekte wie Sympathie oder Antipathie	
- Tabuthemen und Hemmungen wirken stärker	

3.3.2 Ermittlungstechnik - Fragebogen

Fragebogen:
Wenn der Stakeholder schriftlich vorgelegte Fragen (Fragebögen) selbständig beantwortet, spricht man von einer schriftlichen Befragung. Bei der schriftlichen Befragung, welche das wohl häufigste schriftliche Erhebungsverfahren darstellt, geschieht die Zustellung des Fragebogens per Post oder durch ein Mail-System. Es empfiehlt sich vorher, den Adressaten über die Befragung zu informieren.

Geschlossene und offene Fragen:
Bei der Gestaltung von Fragen kann man grundsätzlich zwei Typen unterscheiden:
Die **geschlossene Frage**, bei der Antwortvorgaben vorgesehen sind, und die **offene Frage**, bei der in eigenen Worten geantwortet werden soll.

Vorteile:	Anwendung:
+ Grosse Anzahl Leute kann erreicht werden + Durchführung der Befragung einfach + Kann auch anonym gemacht werden + Auswertung einfach – da stark standardisiert **Nachteile:** - Rückfragen schwierig – erst im Nachhinein - Viele Verweigerer - Persönlicher Kontakt fehlt - Unklare Sachen nicht sofort klären	Die Methode ist besonders geeignet, wenn eine grosse Anzahl Teilnehmer befragt werden soll. Bringt auch einen Sinn, wenn die Fragen stark standardisiert sind, damit automatisch ausgewertet werden kann.

Beispiel für eine geschlossene Frage:

Welche Dienstleistungen im Bankenumfeld werden in Zukunft sehr stark von der Digitalisierung im Internet beeinflusst? Bitte kreuzen Sie diese an:

☐ Zahlungsverkehr und Geldüberweisung
☐ Kredit für den Kauf eines Hause
☐ Vermögensverwaltung von reichen Kunden
☐ Anlageberatung
☐ Eröffnung von Konten (Lohn, Haushalt, Lehrlinge)
☐ Vorsorgeberatung für den Ruhestand
☐ Beratung für Firmenkunden
☐ Support-Anfragen, verlorene Karten, Zinsen
☐ Börsenhandel

Beispiel für eine offene Frage:

Welche Dienstleistungen im Bankenumfeld werden in Zukunft sehr stark von der Digitalisierung im Internet beeinflusst? Bitte nennen Sie uns aus Ihrer Sicht die drei wichtigsten Dienstleistungen:

_____

_____

Wie sollten Fragen gestaltet werden:
- Einfache Worte - keine Fachausdrücke (nur wenn nötig)
- Keine Fremdwörter, keine Abkürzungen
- Fragen sollten kurz sein
- Anpassung an das Sprachniveau der Befragten
- Keine Suggestivfragen
- Fragen sollten neutral formuliert sein, nicht hypothetisch
- Fragen sollten sich auf einen Sachverhalt beziehen (Vermeidung von Mehrdimensionalität)
- Keine doppelten Verneinungen

Worterklärungen

Suggestivfrage:
Eine Suggestivfrage ist eine Frageform, bei der der Befragte durch die Art und Weise der Fragestellung beeinflusst wird, eine Antwort mit vorbestimmtem Aussageinhalt zu geben, die der Fragesteller erwartet.
Beispiel: Sind Sie auch der Meinung, dass die bisherige Lösung nich geeignet hat

Doppelte Verneinung:
In der modernen deutschen Standardsprache gilt das Auftreten von zwei Verneinungen in einem Satz nicht als Verstärkung der Verneinung. Die beiden Verneinungen heben einander auf.
Beispiel: Ich habe nie keine Beschwerden..

Mehrdimensionalität von Fragen:
Wenn in einer Frage mehrere Sachen gefragt werden.
Beispiel: Bitte teilen Sie uns die Anforderung für das GUI für die Erfassung mit und nennen Sie uns die wichtigsten Auswertungen für den Zahlungsverkehr.

Abbildung 11: Beispiel Frageboten mit geschlossen Fragen

Futteraufnahme	stark	mittel	gering/garnicht	
Wenn Sie Ihrem Pferd Kraftfutter füttern (Müsli, Hafer etc.) ist die Menge des herausfallenden Futters....	☐	☐	☐	☐
Wie stark „krümmelt" ihr Pferd bei Möhren?	☐	☐	☐	☐
In welchem Maße zieht das Pferd „Grimassen" beim Fressen oder hölt den Kopf schief?	☐	☐	☐	☐

Abbildung 12: Beispiel Frageboten mit offenen Fragen

Hier kannst du einen persönlichen Kommentar abgeben.

Welche Themen (Sportarten) habe ich vermisst?

Was hat mir gefallen?

Was hat mir nicht gefallen?

Änderungsvorschläge:

3.3.3 Kreativitätstechniken

Manchmal scheint der Kopf vollkommen leer und eine Idee erzwingen lässt sich schon gar nicht. Aber es gibt Techniken, die der eigenen Kreativität auf die Sprünge helfen und damit hilfreich bei der Lösungsfindung sein können. Kreativitätstechniken sind Methoden zur Förderung von Kreativität und gezieltem Erzeugen neuer Ideen, um Visionen zu entwickeln oder Probleme zu lösen. In Wirtschaft, Politik, Bildung etc. werden dafür gezielt Innovationsworkshops und Innovationsprojekte durchgeführt. Die meisten Techniken sind als Team-Methoden bekannt. Zur Ideenfindung in diesem Sinne werden in der Regel Gruppen von 3–10 Teilnehmern gebildet, die eine solche Technik anwenden. Je nach Methode dauert eine solche Ideenfindungs-Sitzung zwischen 30 und 60 Minuten. Die Gruppe hat den Vorteil, dass nicht nur eine grosse Zahl, sondern auch eine höhere Vielfalt von Lösungsideen zu erreichen ist. Anwendung findet dieses Verfahren bevorzugt im gesamten Bereich der Werbung. Es wird aber mit mehr oder weniger Erfolg auch bei der Anforderungs- und Zieldefinition eingesetzt, zum Beispiel bei der Produktentwicklung oder beim Konstruieren neuer technischer Geräte.

Rahmenbedingungen/Vorbedingungen/Methoden

Eine erfolgreiche Anwendung von Kreativitätstechniken setzt ein Mindestmass an kreativitätsfördernden Fähigkeiten und Persönlichkeitsmerkmalen voraus. Wichtiger ist aber ein Verständnis für kreative Prozesse. Wer den Sinn der Kreativitätstechniken und ihre Wirkungsweise kennt, wird in kurzer Zeit viele Ergebnisse erreichen. Kreativitätstechniken werden meist in Gruppen angewandt.

- Die teilnehmenden Personen müssen mit der Technik bekannt gemacht werden, sie müssen diese verstehen und anwenden können. Die Methode darf nicht zu komplex sein, sie muss verstanden werden.
- Ist die Ziellösung schon detailliert bekannt und auch der Weg dorthin, dann bringen Kreativitätstechniken wenig Sinn.
- Beiträge sollten nicht kritisiert und als ungeeignet bezeichnet werden. Vielfach kann aus manchmal absurd anmutenden Ideen etwas Neues und Kreatives entwickelt werden.
- Nicht jede Methode eignet sich für jeden Zweck. Brainstorming ist wohl eine Methode, welche überall angewendet werden kann.
- Meistens werden Kreativitätstechniken in der Werbung, in der Produkteentwicklung und in Bereichen angewendet, wo neues geschaffen wird oder auch zu Beginn eines Projektes.

Abbildung 13: Kreativitätstechniken

Kreativitätstechniken — **Intuitive Methoden**
- Brainstorming
- Brainwriting
- Collective-Notebook
- 6-3-5 Methode
- Negativkonferenz
- Analogietechnik

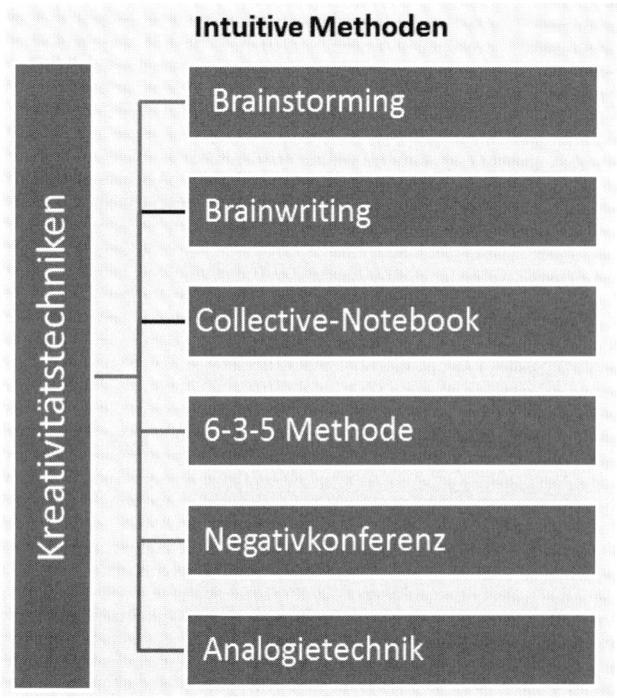

3.3.4 Ermittlungstechnik Brainstorming / Brainwriting

Brainstorming
Phase 1:
Das Brainstorming ist am meisten verbreitet unter den Kreativitätsmethoden. Durch spontane Ideenäusserung wird mit dieser Methode eine grosse Anzahl an Ideen zu einer gegebenen Ideen-/Problemstellung entwickelt und gesammelt. Beim Brainstorming in der Gruppe (ca. 5-9 Teilnehmer) können sich die Teilnehmer durch ihre Beiträge gegenseitig zu neuen Ideenkombinationen anregen, wodurch insgesamt mehr Ergebnisse produziert werden, als wenn jeder für sich alleine arbeitet.

- Jede Idee, gleichgültig wie verrückt oder realistisch, ist willkommen
- Es kommt auf die Menge der Vorschläge an, nicht auf die Qualität
- Kritik und Selbstkritik an den vorgebrachten Ideen sind streng verboten
- Jeder darf Ideen der anderen aufgreifen und für eigene Ansätze verwenden. Es gibt keinen Urheberschutz.
- Jeder darf jeweils nur eine Idee vorbringen. Hat er mehrere Vorschläge, sollte er sie notieren, um sie in der Zwischenzeit nicht zu vergessen.

Phase 2:
Nach einer Pause werden nun sämtliche Ideen (von der Gruppenleitung) vorgelesen und von den Teilnehmern bewertet und sortiert. Hierbei geht es zunächst nur um blosse thematische Zugehörigkeit und das Aussortieren von problemfernen Ideen. Die Bewertung und Auswertung kann in derselben Diskussion durch dieselben Teilnehmer erfolgen oder von anderen Fachleuten getrennt vorgenommen werden.

Brainstorming paradox oder Negativkonferenz
Die Negativkonferenz ist eine Kreativitätstechnik zur kreativen Ideenfindung. Sie stellt die Umkehrung des klassischen Brainstormings dar, indem die Teilnehmer nicht nach Lösungen für ein Problem, sondern umgekehrt nach Problemen suchen. Dabei ist es gestattet, zu einem bestimmten Sachverhalt bestehende oder Fehler, Schwachstellen, Störungen, Kritikpunkte und andere negative Eigenschaften deutlich oder sogar übertrieben hervorzuheben. Als Ergebnis erhält man so verschiedene negative Szenarien, für welche die Teilnehmer in einem weiteren Schritt der Ideenfindung neue Lösungen erarbeiten können.

Brainwriting
Brainwriting ist dem Brainstorming sehr ähnlich. Der wesentliche Unterschied ist, dass beim Brainwriting Gedanken und Vorschläge nicht mündlich, sondern schriftlich geäussert werden. Die Teilnehmer notieren beim Brainwriting ihre Gedanken und Vorschläge zunächst nur auf ihrem persönlichen Papier. Jeder Teilnehmer kann so ohne Beeinflussung durch andere Teilnehmer über das Thema nachdenken. Das Brainwriting erlaubt es jedem Teilnehmer, sich eigenständig auf das Thema einzustellen.

Vorteile:	Anwendung:
+ sehr schnell viele Ideen + Ideen werden nicht kritisiert und hinterfragt + einfache Vorbereitung + wenig Aufwand **Nachteile:** - Teilnehmer könnten dominieren - Nachbearbeitung aufwendig - Hierarchien könnten zum Problem werden	Wenn schnell viele Ideen gesucht werden, welche auch kreativ sein sollten. Dies kann bei neuen Produkten sein, bei Problemen und beim Start eines neuen Projektes.

3.3.5 Ermittlungstechnik «6-3-5»-Methode und weitere Methoden

Variante 6-3-5-Methode

Der Name der Methode leitet sich aus den drei wesentlichen Eigenschaften der Methode ab: 6 Teilnehmer erhalten jeweils ein Blatt, auf dem sie 3 Ideen notieren und die Blätter dann insgesamt 5 mal weiterreichen. Der Moderator erklärt zunächst die Regeln der 6-3-5-Methode, führt die Teilnehmer in das Ausgangsproblem ein und ist im Folgenden für die Zeitmessung verantwortlich. Sobald die Teilnehmer über die Ausgangsfrage oder -problem aufgeklärt sind, startet die erste von sechs Runden. In jeder Runde werden die Teilnehmer aufgerufen, die oberste noch freie Zeile, bestehend aus 3 Kästchen, mit ihren Ideen zu füllen. Dabei sollten die Teilnehmer die Ideen der Vorgänger aufgreifen, erweitern und/oder weiterentwickeln. Nach einer festgelegten Zeit von beispielsweise 5 Minuten beendet der Moderator die Runde. Die Teilnehmer reichen ihr Arbeitsblatt im Uhrzeigersinn an ihren Sitznachbarn weiter und eine neue Runde beginnt.

Vorteile:	Anwendung:
+ Direktes Feedback abgeben durch Teilnehmer + Viele Ideen in einer relativ kurzen Zeit + Da die Ideen von jedem selbst aufgeschrieben werden, können sie während der Findungsphase nicht zerredet werden. Nachteile: - Der Ablaufmechanismus ist starr - Keine Möglichkeit für Rückfragen bei Unklarheiten - Teilnehmer könnten überfordert sein - Oft viele gleiche Ideen	Sie eignet sich für die erste Phase in einem kreativen Prozess. Es werden Geschäftsideen ohne Bewertung gesammelt. In kurzer Zeit können im Idealfall 108 Ideen (6 x 3 x 6) entstehen.

Variante Collective Notebook:

Die Grundidee des Collective-Notebook-Brainwritings besteht darin, dass die Teilnehmer über einen bestimmten Zeitraum von einigen Tagen oder Wochen ein Notizbuch bei sich tragen und ihre Ideen und Gedanken zur Ausgangsfrage darin notieren. An einem vereinbarten Termin werden die Ideen und Gedanken schliesslich ausgetauscht und diskutiert. Collective-Notebook eignet sich besonders für komplexe Probleme. Durch den relativ langen Durchführungszeitraum haben die Teilnehmer deutlich geringeren Zeitdruck. Ideen und Gedanken werden zum Zeitpunkt ihrer Entstehung gesammelt, die Teilnehmer können das Thema flexibel bearbeiten.

Analogietechnik

Analogie bedeutet = ähnliche Strukturen oder Sachverhalte in einen Zusammenhang gestellt werden.
Bei den Analogie-Techniken wird zunächst eine passende Analogie für das Problem gesucht. Anschliessend wird die Analogie analysiert. Dadurch, dass das Problem in einen anderen Bereich verschoben wird, können sich ganz andere und völlig neue Lösungsansätze und Ideen ergeben als im Ursprungsbereich. Die gewonnenen Ansatzpunkte können die nachfolgende Ideenproduktion in neue Richtungen lenken. Die Ansatzpunkte, die während der Analyse der Analogie gefunden wurden, werden in die Realität zurückübertragen. Dort können sie helfen, aus Denkstrukturen auszubrechen, die sich durch langjährige Erfahrung gefestigt haben oder sogar direkt als Lösungsansätze für das Problem dienen.

Beispiel: Analogien zum "Neubau Universität" könnten zum Beispiel sein:
1. Theater, Flughafen, Tagungszentrum. (Es sind auch Organisationen, die grosse Räume besitzen.)
2. Kindergarten, Tanzschule, Flugsimulator. (Dies sind Orte, an denen auch gelernt wird.)
3. Unternehmen, Verein, Handwerker, Kirche. (All das sind auch Arbeitgeber)
4. Labor, Archiv, Südpol, Klinik. (Ebenfalls Orte, an denen geforscht wird.)

Was kann aus diesen Analogien gelernt werden für den Neubau der Universität?

3.3.6 Beobachtungstechniken (z.B. Feldbeobachtung, Apprenticing)

Feldbeobachtung
Die Beobachtung ist die zielgerichtete, aufmerksame Wahrnehmung von Objekten, Phänomenen oder Vorgängen, gegebenenfalls unter Verwendung technischer Hilfsmittel. Im Gegensatz zu Messungen zielen Beobachtungen weniger auf quantitative Erfassung (Mengen) der Objekte als auf qualitative Daten (was wird gemacht und wie).

Feldbeobachtungen sind eine Methode, mit der Sie Menschen an "realen" Orten und in "echten" Situationen beobachten können, z.B. am Arbeitsplatz, zu Hause usw. Sie können besonders hilfreich sein, wenn Ihnen die Ursachen von gewissen Abläufen und Prozessen nicht klar sind. Feldbeobachtungen helfen Ihnen, das Verhalten, die Gewohnheiten, Bedürfnisse und sozialen Beziehungen der Menschen in ihrer Umgebung zu verstehen. Feldbeobachtungen können neue Informationen bringen, da sie nicht auf die verbale Interpretation einer Situation angewiesen sind. Statt dessen können sie es selbst sehen, wie es in der Realität ist. Wenn Ihre Feldbeobachtung erfolgreich ist, können Sie viele neue Ideen und wertvolles Wissens für Ihr Projekt gewinnen.

Apprenticing-Technik
Die Apprenticing-Technik ("in die Lehre gehen") ist eine Beobachtungstechnik bei der Anforderungsermittlung. Dabei erlernt der Systemanalytiker die Tätigkeiten der Stakeholder unter deren Anleitung, um sich ein genaues Bild von den Arbeitsabläufen zu machen. Diese Stakeholder sind meistens die Mitarbeiter, die wichtiges fachliches Know-how besitzen und nicht die Zeit haben, bei der Anforderungsermittlung mitzuarbeiten

Vorteile:	Anwendung:
<ul><li>Unmittelbarkeit - die Beobachtung erfolgt während der eigentlichen Tätigkeit</li><li>Ganzheitlichkeit - die Beobachtung erfasst auch die Umwelteinflüsse während der Tätigkeit Es kann auch unbewusst gesteuertes Verhalten beobachtet werden</li><li>die Beobachtung erfolgt in Unabhängigkeit von der Auskunftsbereitschaft der Testpersonen</li><li>Unabhängigkeit - vom Einfluss eines Interviewers und der Beziehung zwischen Interviewer und Testperson</li></ul> **Nachteile:**<ul><li>Beschränkung auf das optisch beobachtbare Verhalten der Testpersonen</li><li>Man sieht nicht alles – nur Ausschnitte</li><li>hoher Aufwand, Zeitraum muss länger sein, damit Beobachtung gute Resultate bringt</li></ul>	Um in der Wissenschaft Studien, Analysen und Statistiken aufstellen und später publik machen zu können, muss ein Thema zunächst untersucht werden. Dies kann zum Beispiel bei der Untersuchung eines Waldes gemacht werden, wenn der Gesundheitszustand geprüft wird. Ebenfalls kann dies im Verkehr und bei Bahnhöfen gemacht werden, wenn gemessen werden soll, wie sich die Menschen verhalten.

Strukturierte und unstrukturierte Beobachtung:
Unstrukturierte Beobachtung: Es werden nur ein grober Rahmen und Leitlinien sowie nur wenige Beobachtungskategorien vorgegeben. Dadurch bleibt eine gewisse Flexibilität und Offenheit des Beobachters für den Beobachtungsgegenstand. Strukturierte Beobachtung: Es wird ein festes Beobachtungsschema angewandt. Hierfür muss ein Merkmals- oder Kategoriensystem erstellt werden.

3.3.7 Unterstützende Techniken

Es gibt noch weitere Techniken, welche nachfolgend erklärt werden:
Mindmapping, Workshops, CRC-Karten, Audio- und Videoaufzeichnungen, Prototypen

Mindmapping

Mindmapping ist eine vielseitige und weit verbreitete Kreativitätsmethode, bei der es darum geht, Gedanken schriftlich in Bildern zu erfassen und zu strukturieren. Dadurch erhalten Sie einen Überblick über ein Thema und können ihr Thema sicht- und greifbar bearbeiten. Das Ergebnis wird als Mind-Map bezeichnet. Mind-Maps helfen Ihnen dabei, Wissen und Informationen zu ordnen und in Beziehung zu setzen.

Zunächst definieren Sie Ihr Thema. Dazu überlegen Sie sich einen zentralen Begriff, Symbol oder Bild für dieses Thema. Ein Beispiel ist der Begriff „Mindmapping", wenn Sie über das Thema Mindmapping in Ihrem Unternehmen nachdenken möchten. Schreiben Sie diesen Schlüsselbegriff oder ein entsprechendes Symbol bzw. Skizze nun in die Mitte des Blattes. Das Blatt sollte im Querformat vor Ihnen liegen.

Abbildung 14: Mindmapping-Beispiel[6]

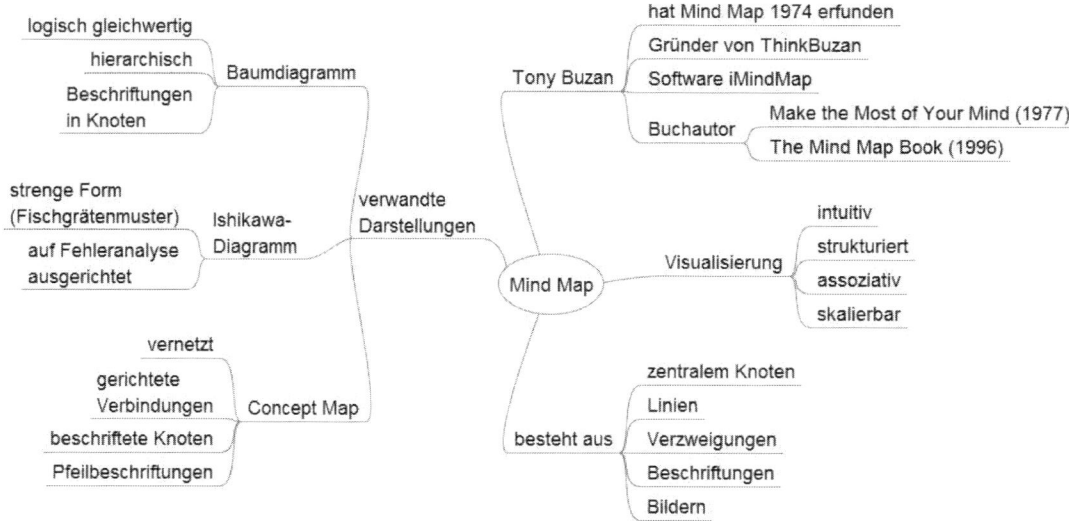

Workshops

Ein Workshop ist eine Veranstaltung, in der ein kleinere Gruppe mit begrenzter Zeitdauer intensiv an einem Thema arbeitet. Ein Kennzeichen ist dabei die kooperative und moderierte Arbeitsweise an einem gemeinsamen Ziel.

Ein Workshop-Charakter entsteht wenn:
- eine Gruppe ausserhalb ihrer regulären Tätigkeit sich länger Zeit nimmt für die spezielle Lösung einer Aufgabe
- die Ergebnisse über den Workshop hinaus wirken
- die Leitung von einer Moderation übernommen wird
- gegebenenfalls Spezialisten mitarbeiten
- aktive Teilnahme der Gruppenmitglieder

Arten von Workshops:
Konfliktlöse-Workshop: Dieser eignet sich, um einen aktuellen Konflikt zwischen zwei Konfliktparteien zu klären. Im Ablauf zieht jede Partei zunächst positiv Bilanz (was gut gelaufen ist). Dann folgt eine Diagnosephase, worauf Perspektiven gefunden werden, die in Wünsche und Angebote münden, welche schlussendlich in einer Verhandlungsphase besprochen und mit einem Massnahmenkatalog auch umgesetzt werden.

---
[6] https://www.projektmagazin.de/glossarterm/mind-map

Konzeptions-Workshop: Eine neue Konzeption für eine Software: Zu Beginn werden die Anforderungen ermittelt, damit klar wird, welche Rahmenbedingungen gegeben sind. Darauf werden die Konzeptionsziele geklärt, das aufzeigt, welche die Hauptziele sind (vor allem der Stakehoder). Ist das geschehen, werden die Konzeptionsinhalte in Gruppen ausgearbeitet, wie die Ziele erreicht werden können. Im Plenum werden die einzelnen Ideen bewertet, verdichtet und zur weiteren Verarbeitung an die Gruppen konkrete Arbeitsschritte weitergegeben. Erst dann, ausserhalb des Workshops, wird die definitive Konzeption erstellt.

Entscheidungs-Workshop: Es soll eine Entscheidung für ein neues Produkt gefällt werden. Zu Beginn des Workshops wird festgelegt, dass von allen Produkten am Schluss nur eines übrig bleiben wird. Nun wird jedes Produkt von einem Teilnehmer oder Lieferanten vorgestellt. Darauf werden Beurteilungskriterien gesammelt (z.B. in einer Nutzwertanalyse), um diese anschliessend individuell zu bewerten. Auf Basis dessen werden drei Favoriten gekürt, die genauer betrachtet werden, um dann zu einer Entscheidung für ein Modell zu kommen.

Problemlöse-Workshop: Als Reaktion auf ein konkretes Problem (organisatorischer oder technischer Art) wird das Problem definiert und umschrieben. Danach werden Ziele, die Einflussfaktoren und Problemlösungen erarbeitet. Am Schluss wird eine Präsentation, Bewertung, Entscheidung und abschliessende Massnahmen vorgestellt.

CRC-Karten

Die CRC-Karte (Class-Responsibility-Collaboration-Karte) ist ein Hilfsmittel für das objektorientierte Design. Das Konzept wurde Ende der 1980er Jahre von Ward Cunningham und Kent Beck entwickelt. Das Grundprinzip besteht darin, für jede Klasse eine Karteikarte zu erstellen und auf dieser deren Eigenschaften zu notieren. Oben steht der Name der Klasse, auf der linken Seite schreibt man die Verantwortlichkeiten der Klasse nieder, auf der rechten Seite stehen die Klassen, mit denen die beschriebene Klasse zusammenarbeitet Es gibt eine Vielzahl von Erweiterungen des ursprünglichen Konzepts, die zusätzliche Bereiche hinzufügen und teilweise auch die Rückseite der Karten mitverwenden.

Besprechungen	
- weiss den Termin	- Besprechungsräume
- die Räumlichkeiten festlegen	- Mitarbeiter
- die Traktanden	
- weiss das Datum	
- weiss, wer kommt	

Relationen zwischen den Klassen kann man auf unterschiedlichen Wegen veranschaulichen. Entweder schreibt man die Namen der behandelten Klassen auf die Karte, oder man macht z. B. die Karten an einer Wand fest und zeichnet Striche zwischen die Karten.

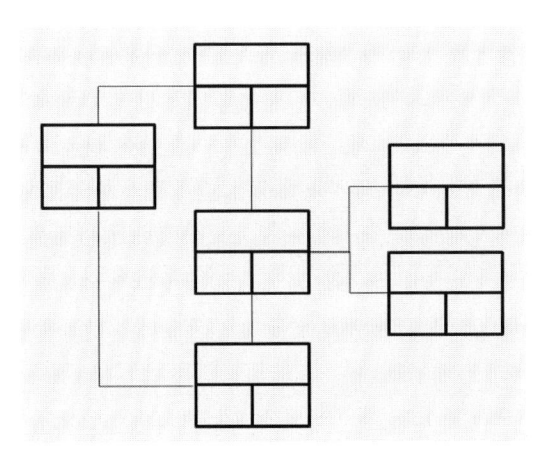

3.4 Repetitionsfragen

1. Ein RE macht die Anforderungen für eine Produkteverbesserung in einer Intensivstation in einem Spital. Das Projekt ist sehr zeitkritisch, das es bereits in Verzug ist. Welche zwei Techniken sind nicht angebracht, bei der Anforderungsermittlung. (2 Antworten)

   1 Punkt

☐	A) Feldbeobachtung
☐	B) Fragebogen
☐	C) Prototyp erstellen
☐	D) Interview

2. Welche Aussagen treffen für das Kano-Modell zu und können so eintreffen (2 Antworten)

   1 Punkt

☐	A) Begeisterungsfaktoren werden zu Leistungsfaktoren
☐	B) Leistungsfaktoren werden zu Basisfaktoren
☐	C) Leistungsfaktoren werden zu Begeisterungsfaktoren
☐	D) Basisfaktoren werden zu Leistungsfaktoren

3. Das Kano-Modell beschreibt, dass Basisanforderungen schwierig zu ermitteln sind. Mit welcher Ermittlungstechnik können Basisanforderungen am besten aufgefunden werden? (1 Antwort)

   1 Punkt

☐	A) Interview
☐	B) Fragebogen
☐	C) Feldbeobachtung
☐	D) Brainstorming

4. Welche zwei Argumente sind Vorteile bei der Anwendung von Fragebogen in der Ermittlung von Requirements (2 Antworten)?

   1 Punkt

☐	A) Große Anzahl von Teilnehmern möglich
☐	B) Ermöglicht statistisch relevante Aussagen über Requirements
☐	C) Ermöglicht Überprüfung des Verständnisses der Teilnehmer
☐	D) Bringt Erkenntnisse über Begeisterungsfaktoren
☐	E) Bringt Erkenntnisse über Basisfaktoren

5. Sie arbeiten als Requirements Engineer in einem Projekt, zu dem es vor einigen Jahren schon einmal ein Vorläuferprojekt mit qualitativ hochwertig dokumentierten Anforderungen gab. Sie entschliessen sich, grosse Teile der alten Spezifikation wiederzuverwenden. Welche der Aussagen zu den nach dem Kano-Modell klassifizierten Anforderungen sind richtig und welche falsch?

Richtig	Falsch		2 Punkte
☐	☐	A) Die heutigen Begeisterungsfaktoren müssen in der Regel neu ermittelt werden.	
☐	☐	B) Die heutigen Leistungsfaktoren sind typischerweise durch die damaligen Begeisterungsfaktoren voll abgedeckt.	
☐	☐	C) Die damaligen Leistungsfaktoren sind teilweise in die heutigen Basisfaktoren übergegangen.	
☐	☐	D) Die damaligen Leistungs- und Basisfaktoren müssen gegen die Marktentwicklung auf Vollständigkeit geprüft werden.	

6. Welche der folgenden Aussagen über Ermittlungstechniken sind richtig und welche sind falsch?

Richtig	Falsch		2 Punkte
☐	☐	A) Interview ist eine Befragungstechnik.	
☐	☐	B) Perspektivenwechsel ist eine Beobachtungstechnik.	
☐	☐	C) Systemarchäologie ist eine Beobachtungstechnik.	
☐	☐	D) Apprenticing ist eine Kreativitätstechnik.	

4. Dokumentation von Anforderungen (K2)

Lernziele	4.1.1 Zentrale Gründe der Dokumentation kennen
	4.2.1 Die drei Perspektiven für funktionale Anforderungen kennen
	4.2.2 Vorteile und Nachteile natürlichsprachiger Anforderungsdokumentation kennen
	4.2.3 Die wichtigsten modellbasierten Dokumentationsformen von Anforderungen kennen
	4.2.4 Vorteile der Mischform von Anforderungsdokumentation kennen
	4.3.1 Vorteile von standardisierten Dokumentationsstrukturen kennen
	4.3.2 Eine verbreitete standardisierte Dokumentationsstruktur kennen
	4.3.3 Wichtige Punkte einer angepassten Standardstruktur kennen
	4.4.1 Aufgaben, die auf Anforderungsdokumenten aufbauen kennen
	4.5.1 Qualitätskriterien für Anforderungsdokumente können und anwenden
	4.6.1 Qualitätskriterien für Anforderungen können und anwenden
	4.6.2 Die zwei wichtigen Stilregeln für Anforderungen kennen
	4.7.1 Inhalt und Bedeutung eines Glossar können und anwenden kennen
	4.7.2 Regeln für den Umgang mit dem Glossar können und anwenden
Schlüsselbegriffe	Dokumentenstrukturen, Funktionsperspektive, Glossar, Standard ISO/IEC/IEEE 29148, modellbasierte Dokumentationsformen, Qualitätskriterien, Strukturperspektive, Verhaltensperspektive

4.1 Dokumentgestaltung (K1)

4.1.1 Zentrale Gründe der Dokumentation

Im RE ist es notwendig, alle wichtigen Informationen zu dokumentieren. Als Dokumentationstechnik bezeichnet man jegliche Art der mehr oder weniger formalen Darstellung von Anforderungen, angefangen von der Beschreibung in Prosaform bis hin zu Diagrammen mit einer formalen Semantik. Im Lebenszyklus eines Anforderungsdokuments sind viele Personen in die Dokumentation eingebunden. Die Dokumentation nimmt bei der Kommunikation eine zielgerichtete, unterstützende Funktion ein. Folgende Faktoren machen diese Unterstützung notwendig:

- Anforderungen sind langlebig
- Anforderungsdokumente rechtlich relevant und sollten allen zugänglich sein.
- Anforderungsdokumente sind komplex.

4.2 Arten der Dokumentation (K1)

Die Anforderungen an ein System können aus unterschiedlichen Perspektiven dokumentiert werden. So können diese in natürlicher Sprache, in konzeptionellen Modellen, in Anforderungslisten, als Deltapezifikationen/GAP-Analyse oder in irgendeiner anderen Art erstellt werden. In erster Linie ist es wichtig, dass die Anforderungen dokumentiert sind.

Die Anforderungen können aus unterschiedlichen Sichtweisen angeschaut werden. Wir unterscheiden für fachliche Anforderungen drei Perspektiven:
- die Strukturperspektive
- die Funktionsperspektive
- die Verhaltensperspektive

4.2.1 Die drei Perspektiven für funktionale Anforderungen kennen

Strukturperspektive

Diese Perspektive beschreibt eine statische Sicht auf das System/Anforderung. Hier wird die Basis geschaffen, auf denen die anderen beiden Perspektiven aufbauen. Modelle der Strukturperspektive zeigen dabei ein rein statisches Bild des Systems, ohne auf dynamische Aspekte wie Abläufe oder Zustandsänderungen einzugehen. Ein geeignetes Diagramm zur Abbildung der Strukturperspektive stellt das Klassendiagramm dar. Hier werden anhand von Klassen, deren Eigenschaften und Beziehungen zueinander die fachlichen Begriffe und Daten beschrieben. Die Klassen können dabei unterschiedliche Objekte innerhalb eines Systems darstellen, z.B. einzelne Ein- bzw. Ausgabeobjekte, die das System verarbeiten muss. Die Beziehungen, die zwischen den Klassen modelliert werden können, geben Aufschluss darüber, wie die einzelnen Klassen untereinander in Zusammenhang stehen. Hier werden jedoch keine konkreten Abläufe dargestellt, sondern lediglich statische Nutzungs- und Abhängigkeitsbeziehungen. Diagramme der Strukturperspektive werden im Kapitel 6 detaillierter erläutert.

Abbildung 15: Beispiel Klassendiagramm für die Strukturperspektive

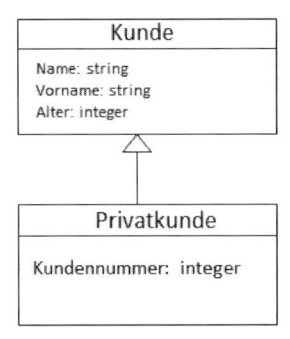

Funktionsperspektive

Die Modelle der Funktionsperspektive zeigen, welche Funktionen ein System zur Verfügung stellen muss. In diesem Modell werden dargestellt, welche Daten und Informationen vom System als Ein- und Ausgaben genutzt und in welcher Art und Weise diese konkret verarbeitet werden. Auf der obersten Ebene der Funktionsperspektive eignet sich ein Use-Case-Diagramm als Modell. Use Cases schildern bestimmte Nutzungssituationen, in denen das System einem oder mehreren Nutzern (Akteuren) eine bestimmte Funktionalität zur Verfügung stellt. Use Cases in einem Diagramm alleine reichen zur Beschreibung der Funktionsperspektive allerdings nicht aus. Mit einer Use-Case-Beschreibung können zusätzlich in Form einer Tabelle die einzelnen Schritte zur Umsetzung der im Diagramm verzeichneten Use Cases-Schritte dokumentiert werden. Dennoch ist eine Betrachtung der Prozesse auf tieferer Ebene notwendig. Um die konkreten Abläufe und die detaillierten Prozesse hinter einem Use Case als Modell abbilden zu können, werden häufig Aktivitätsdiagramme eingesetzt. Diagramme der Funktionsperspektive werden im Kapitel 6 detaillierter erläutert.

Abbildung 16: Diagramme der Funktionsperspektive

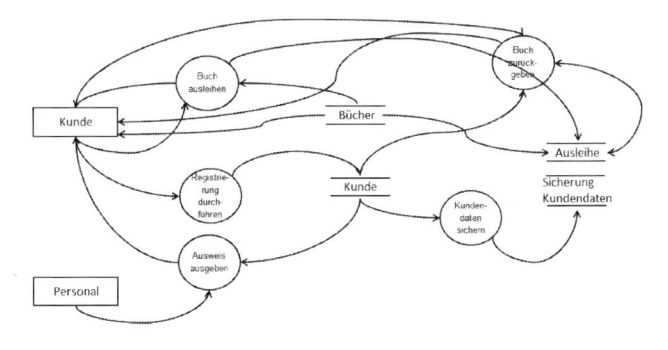

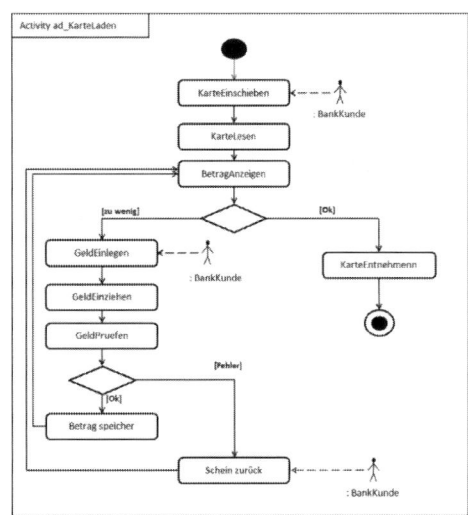

Verhaltensperspektive

Der Blick auf ein System aus der Verhaltensperspektive heraus betrachtet gezielt die Zustände bzw. Zustandswechsel, die ein System, dessen Komponenten und Objekte einnehmen können. Als Diagrammtyp zum Entwurf eines solchen zustandsbasierten Verhaltens eignet sich ein UML-Zustandsautomat hervorragend. Ein Zustandsautomat kann ähnlich dem Aktivitätsdiagramm an einem Use Case anknüpfen, indem es die für einen Use Case relevanten Systemzustände abbildet. Er beschreibt dabei nicht die funktionale Sicht in Form von Abläufen und Aktionen, sondern vielmehr die Reaktionen des Systems auf bestimmte Ereignisse und Bedingungen. Diagramme der Funktionsperspektive werden im Kapitel 6 detaillierter erläutert.

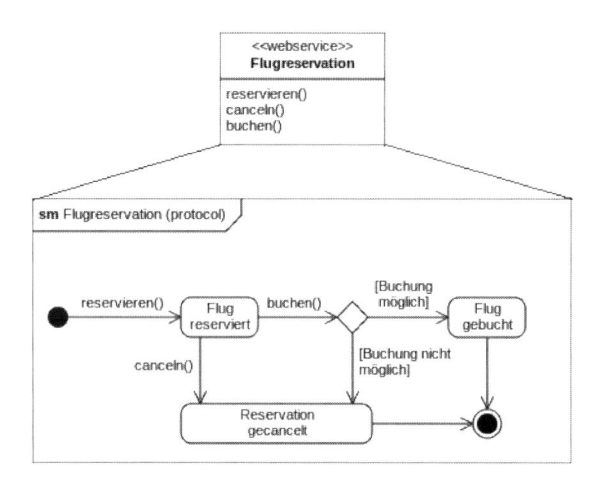

Abbildung 17: Diagramm der Verhaltensperspektive

4.2.2 Vorteile und Nachteile natürlichsprachiger Anforderungsdokumentation kennen

Das Thema wird im Kapitel 5 noch detailliert betrachtet.

Vorteile natürlicher Sprache
- \+ Man muss keine Notation (Modellierungssprache) kennen
- \+ Kann von allen gelesen und verstanden werden
- \+ Ist für alle Arten von Anforderungen verwendbar

Nachteile natürliche Sprache
- − Mehrdeutigkeiten
- − Vermischung der Perspektiven
- − Unübersichtlichkeit bei grossen Anforderungen

4.2.3 Die wichtigsten modellbasierten Dokumentationsformen von Anforderungen

Überblick über die Systemfunktionalität (Use Case Diagramm)

Ein Anwendungsfalldiagramm (engl. Use Case Diagramm), ist eine der 14 Diagrammarten der Unified Modeling Language (UML), einer Sprache für die Modellierung der Strukturen und des Verhaltens von Software- und anderen Systemen. Es stellt Anwendungsfälle und Akteure mit ihren jeweiligen Abhängigkeiten und Beziehungen dar.
⇨ Weitere Informationen im Kapitel 6.3

Datenmodellierung (Klassendiagramm)

Ein Klassendiagramm ist ein Strukturdiagramm der Unified Modeling Language (UML) zur grafischen Darstellung (Modellierung) von Klassen, Schnittstellen sowie deren Beziehungen. Unter einer Klasse versteht man in

der Programmierung ein Modell bzw. einen Bauplan für eine Reihe von ähnlichen Objekten. Eine Klasse kann ein Haus, ein Mensch, ein Auto etc. sein. Die Klasse dient als Bauplan für die Abbildung von realen Objekten in Softwareobjekte und beschreibt Attribute (Eigenschaften) und Methoden (Verhaltensweisen) der Objekte.
⇨ Weitere Informationen im Kapitel 6.5.3

Ablaufmodellierung (Aktivitätsdiagramme)
Aktivitätsdiagramme sind Diagramme zur Flussmodellierung. Sie stellen die Aktivitäten eines Systems dar, die Aktionen, aus denen die Aktivitäten sich zusammensetzen und den Fluss durch die Aktivitäten. Mit Aktivitätsdiagrammen können komplexe Abläufe in einem System modelliert werden (Geschäftsprozesse, Workflows).
⇨ Weiter Informationen im Kapitel 6.6.2

Ereignisgesteuertes Verhalten (Zustandsdiagramme)
Zustandsdiagramme sind Diagramme zur Spezifikation des Verhaltens von Komponenten, Systemen, Objekten und Gegenständen. Zustandsautomaten beschreiben das Verhalten der Elemente während ihres Lebenszyklus durch Darstellung der möglichen Zustände und Zustandsübergänge.
⇨ Weitere Informationen im Kapitel 6.7.2

4.2.4 Vorteile der Mischform von Anforderungsdokumentation kennen
Üblicherweise werden für die Dokumentation Mischformen benutzt: Je nach Benutzerkreis werden sowohl natürliche Sprache wie (einfache) Modelle kombiniert, um die Vorteile beider Dokumentationsformen nutzen zu können. Auch können Modelle durch Kommentare ergänzt und erläutert und so für einen breiteren Leserkreis verständlich gemacht werden.

+ Können auch durch nicht geübte Benutzer gelesen werden
+ Diagramme können mit Kommentaren zum besseren Verständnis führen
+ Höhere Akzeptanz

4.3 Dokumentstrukturen (K1)

4.3.1 Vorteile von standardisierten Dokumentationsstruktur kennen

In der Praxis hat sich gezeigt, dass die Verwendung von Referenzstrukturen für Anforderungsdokumente eine Reihe positiver Effekte mit sich bringt. Beispielsweise erleichtert der Einsatz von Referenzstrukturen die Verwendung des Anforderungsdokuments in späteren Entwicklungstätigkeiten (z.B. bei der Definition von Testfällen). Dabei können Referenzstrukturen für gewöhnlich nicht eins zu eins für ein Anforderungsdokument übernommen werden, da die inhaltliche Struktur häufig im Detail noch an domänen-, unternehmens- oder projektspezifischen Gegebenheiten angepasst werden muss.

Welches sind die Vorteile standardisierter Dokumenstrukturen:
- Erleichtern die Einarbeitung von neuen Mitarbeitern
- Schnelle Erfassung und Definition der Inhalte
- Das Dokument kann einfacher selektiv gelesen werden
- Vereinfachte Überprüfung auf Vollständigkeit
- Vereinfachte Wiederverwendung des Dokumentes

4.3.2 Eine verbreitete standardisierte Dokumentationsstruktur kennen

Zentrale Bestandteile eines Anforderungsdokuments sind die Anforderungen an das betrachtete System. Neben den Anforderungen enthalten Anforderungsdokumente, abhängig vom Verwendungszweck des Dokumentes, auch Informationen über den Systemkontext, Abnahmebedingungen oder z.B. Merkmale der technischen Realisierung. Um die Handhabbarkeit von Anforderungsdokumenten zu gewährleisten, müssen daher solche Dokumente eine möglichst geeignete inhaltliche Strukturierung aufweisen. Referenzstrukturen für Anforderungsdokumente schlagen eine mehr oder weniger vollständige und mehr oder weniger flexible praxiserprobte inhaltliche Strukturierung von Anforderungsdokumenten vor. Eine verbreitete Referenzstruktur für Anforderungsdokumente ist u.a. in dem Standard ISO/IEC/IEEE 29148:2011 beschrieben:

Name des Softwareprodukts :……
Name des Herstellers :……
Versionsdatum des Dokuments und/oder der Software :……

1. **Einleitung**
    1. Zweck (des Dokuments)
    2. Umfang (des Softwareprodukts)
    3. Erläuterungen zu Begriffen und / oder Abkürzungen
    4. Verweise auf sonstige Ressourcen oder Quellen
    5. Übersicht (Wie ist das Dokument aufgebaut?)
2. **Allgemeine Beschreibung (des Softwareprodukts)**
    1. Produktperspektive (zu anderen Softwareprodukten)
    2. Produktfunktionen (eine Zusammenfassung und Übersicht)
    3. Benutzermerkmale (Informationen zu erwarteten Nutzern, z. B. Bildung, Erfahrung, Sachkenntnis)
    4. Einschränkungen (für den Entwickler)
    5. Annahmen und Abhängigkeiten (Faktoren, die die Entwicklung beeinflussen, aber nicht behindern z. B. Wahl des Betriebssystems)
    6. Aufteilung der Anforderungen (nicht Realisierbares und auf spätere Versionen verschobene Eigenschaften)
3. **Spezifische Anforderungen (im Gegensatz zu 2.)**
    1. Funktionale Anforderungen (stark abhängig von der Art des Softwareprodukts)
    2. Nicht-funktionale Anforderungen
    3. Externe Schnittstellen
    4. Design Constraints (Entwurfsrestriktionen)
    5. Anforderungen an Performance
    6. Qualitätsanforderungen
    7. Sonstige Anforderungen

Weitere mögliche Dokumentenstrukturen: V-Modell:
Lastenheft: Gemäss DIN 69901-5 beschreibt das Lastenheft die vom Auftraggeber festgelegte Gesamtheit der Forderungen an die Lieferungen und Leistungen eines Auftragnehmers innerhalb eines Auftrages. Das Lastenheft beschreibt in der Regel somit, was und wofür etwas gemacht werden soll.

Pflichtenheft: Das Pflichtenheft beschreibt in detaillierter Form, wie der Auftragnehmer die Anforderungen des Auftraggebers zu lösen gedenkt. Der Auftraggeber beschreibt vorher im Lastenheft möglichst präzise die Gesamtheit der Forderungen – was er entwickelt oder produziert haben möchte. Erst wenn der Auftraggeber das Pflichtenheft akzeptiert, sollte die eigentliche Umsetzungsarbeit beim Auftragnehmer beginnen.

4.3.3 Wichtige Punkte einer angepassten Standardstruktur kennen

Wichtige Punkte einer Standardstruktur sind: Zweck des Dokumentes, Systemumfang, die Stakeholder, Definitionen und Abkürzungen, Glossar, die Anforderungen, Anhänge und ein Index. Natürlich können in der Praxis weitere Kapitel hinzukommen.

4.4 Verwendung von Anforderungsdokumenten (K1)

4.4.1 Aufgaben, die auf Anforderungsdokumenten aufbauen kennen

Anforderungsdokumente werden zu Beginn eines Projektes erstellt und können als Grundlage für viele weitere Dokumente und Aufgaben verwendet werden.

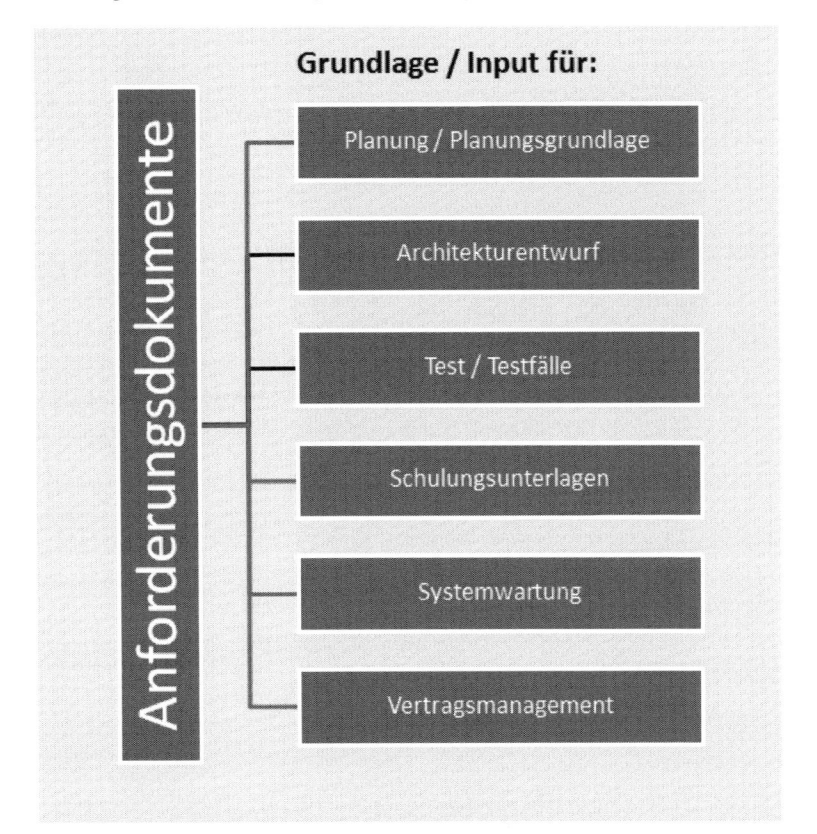

Abbildung 18: Weiterverwendung von Anforderungen

Daher lohnt sich, Anforderungsdokumente möglichst genau, detailliert und geprüft zu erstellen, da sie in weiteren Prozessen in der Systementwicklung verwendet werden. Sind bereits Fehler in den Anforderungsdokumenten vorhanden und werden nicht eliminiert, dann treten diese auch später auf, wenn die Dokumente weiter verwendet werden. Je später, Fehler entdeckt werden, desto teurer wird die Behebung dieser Fehler.

4.5 Qualitätskriterien für das Anforderungsdokument (K2)

4.5.1 Qualitätskriterien für Anforderungsdokumente kennen und anwenden

Die Qualität von Anforderungen als Basis für die nachgelagerte Entwicklung ist fundamental wichtig. Neben den in den IEEE 830 vorgeschlagenen Kriterien sollte der Umfang angemessen sein und das Dokument eine klare Struktur aufweisen.

Die IEEE definiert 8 Charakteristika guter Qualität:
- korrekt
- unzweideutig (eindeutig)
- vollständig
- widerspruchsfrei
- bewertet nach Wichtigkeit und/oder Stabilität
- verifizierbar
- modifizierbar
- verfolgbar (traceable)

4.6 Qualitätskriterien für Anforderungen (K2)

4.6.1 Qualitätskriterien für Anforderungen kennen und anwenden

Vollständig
Alle Anforderungen des Kunden müssen explizit beschrieben sein, es darf keine impliziten Annahmen des Kunden über das zu entwickelnden Service geben.

Verständlich beschrieben
Damit sowohl der Auftraggeber als auch der Entwickler mit vertretbarem Aufwand die gesamten Anforderungen lesen und verstehen kann.

Identifizierbar/Erkennbar:
Jede Anforderung muss eindeutig identifizierbar sein (z. B. über eine Kennung oder Nummer). Sie mussen einheitlich dokumentiert sein.

Nachprüfbar
Die Anforderungen sollten mit Abnahmekriterien verknüpft werden, damit bei der Abnahme geprüft werden kann, ob die Anforderungen erfüllt wurden. Testfälle werden aus den Abnahmekriterien abgeleitet.

Konsistent
Die definierten Anforderungen sind untereinander widerspruchsfrei.

Wie sollen Anforderungen strukturiert sein:
Nach der Erfassung muss eine Strukturierung und Klassifizierung der Anforderungen vorgenommen werden. Damit erreicht man, dass die Anforderungen übersichtlicher werden.

Abhängige Anforderungen:
Anforderungen müssen draufhin überprüft werden, ob eine Anforderung die Voraussetzung für eine andere ist, sich gegenseitig bedingen oder sich unabhängig voneinander realisieren lassen. Es würde nichts nützen, wenn man die Anforderung A weg lassen würde, wenn die Anforderung B nur funktionieren würde, wenn auch Anforderung B vorhanden ist. Ein Service für ein Datawarehouse würde nichts bringen, wenn es keine Import-Schnittstellen geben würde für die Daten.

Zusammengehörige Anforderungen:
Die fachlich logisch zusammengehören, sollen nicht allein realisiert werden. So sollen alle Funktionen und

Services für ein Auslieferssystem miteinander realisiert werden. Werden aber gewisse Funktionalitäten bei einem Service weggelassen oder durch einen anderen Provider erbracht, sollte dies explizit erwähnt werden.

Nach Benutzerrollen/-gruppen sortiert:
Logisch zusammengehörende Anforderungen sollen so sortiert und angeordnet werden, dass eine bestimmte Gruppe von Personen betroffen ist. So bringt es nichts, wenn die Transport-Abteilung die Anforderungen für die Produktion sieht, zum Beispiel bei einer Besprechung und einem Review.

In der technischen Informatik kennen wir noch weitere Anforderungen, welche unter Umständen auch bei der Umsetzung von Services oder Projektes eine Rolle spielen. Dies sind **funktionale Anforderungen** und **nichtfunktionale Anforderungen**. Eine **funktionale Anforderung** legt fest, was das Produkt tun soll.

Die **nichtfunktionalen Anforderungen** beschreiben, wie gut das System die Leistung erbringen soll. Beispiele dafür sind – Zuverlässigkeit, Benutzbarkeit, Wartbarkeit, Flexibilität, Aussehen und viele andere mögliche Kriterien.

4.6.2 Die zwei wichtigen Stilregeln für Anforderungen kennen

Bei Formulierungen von Anforderungen hat sich eine Reihe von Stilregeln für sprachliche Formulierungen bewährt. Diese erleichtern die Arbeit und erhöhen die Wahrscheinlichkeit, dass das Dokument gelesen wird und die gewünschte Bedeutung bekommt.

- Verwenden von kurzen Sätzen
- Vermeiden von verschachtelten Sätzen
- Formulieren Sie aktiv
- Nur ein Verb pro Satz
- Verständlich schreiben, nicht zu viele Fremdwörter

4.7 Glossar (K2)

Ein Glossar ist eine Liste von Wörtern mit beigefügten Erklärungen oder Übersetzungen. Im erweiterten Sinn wird ein Glossar auch Begriffserklärung genannt. Es gibt allgemein gültige Glossare oder auch projekt- und themenspezifische Glossare. Das Glossar soll eine optimale Kommunikation und ein besseres Verständnis unter Fachleuten ermöglichen und fördern. Es hilft mit, die Begriffsvielfalt zu vereinheitlichen.

Was ist zu beachten beim Erstellen eines Glossars

Ein Glossar muss zentral verwaltet werden. Dies kann innerhalb eines Projektes, Firma oder einer Organisation sein. Damit wird sichergestellt, dass alle vom Gleichen reden.

Was sind die Vorteile von Glossaren

Begriffe werden eindeutig definiert und unmissverständlich festgelegt.

4.8 Repetitionsfragen

1. Welche der folgenden Aussagen bezüglich der Auswahl von Notationen für die Darstellung von funktionalen Anforderungen treffen zu und welche nicht?

Richtig **Falsch** 2 Punkte

Richtig	Falsch	
☐	☐	A) Stakeholder sollen die verwendeten Notationen lesen können.
☐	☐	B) UML-Diagramme sind in Projekten einzusetzen, in denen objektorientiert entwickelt wird.
☐	☐	C) Je nach Art der Anforderung sollte eine Notation verwendet werden, die die optimale Kommunikation gewährleistet.
☐	☐	D) Eine graphische Notation wie UML ist leichter verständlich.

2. Welche der folgenden Aussagen bezüglich der Auswahl von Notationen für die Darstellung von funktionalen Anforderungen treffen zu und welche nicht?

Richtig **Falsch** 3 Punkte

Richtig	Falsch	
☐	☐	A) Anforderungsdokumente können nur dann eindeutig sein, wenn es auch jede einzelne Anforderung ist.
☐	☐	B) Ein Anforderungsdokument kann inkonsistent sein, obwohl jede einzelne Anforderung in sich konsistent ist.
☐	☐	C) Zur Eindeutigkeit gehört, dass jede Anforderung eindeutig identifizierbar ist.
☐	☐	D) Zur Eindeutigkeit gehört, dass ausschließlich Fachbegriffe aus dem Glossar verwendet werden.

3. Sie möchten ein Anforderungsdokument so gestalten, dass es für die Projektbeteiligten, die damit weiterarbeiten sollen, besonders gut geeignet ist. Wählen Sie aus den folgenden Sätzen die zwei richtigen Zuordnungen von Anforderungseigenschaften und Beteiligten aus. (2 Antworten).

1 Punkt

☐	A) Für die Tester müssen die Anforderungen realisierbar sein.
☐	B) Für die Entwickler müssen die Anforderungen leicht änderbar sein.
☐	C) Für alle Beteiligten müssen die Anforderungen konsistent sein.
☐	D) Für den Projektmanager müssen die Anforderungen priorisiert sein.
☐	E) Für die Wartung müssen die Anforderungen priorisierbar sein.

5. Natürlichsprachige Dokumentation von Anforderungen (K2)

Lernziele	5.1 Die fünf Transformationsprozesse bei der Wahrnehmung und Darstellung von natürlicher Sprache und ihre Auswirkungen auf die Formulierung von Anforderungen können und anwenden
	5.2 Die fünf Schritte zur Formulierung von Anforderungen mittels einer Satzschablone können und anwenden
Schlüsselbegriffe	Funktionsarten, Nominalisierung, Satzschablone, Substantive ohne Bezugsindex, Transformationsprozesse, Universalquantoren, unvollständig spezifizierte Bedingungen, unvollständig spezifizierte Prozesswörter, Verbindlichkeit, W-Fragen

Sprachliche Effekte (K2)

Die Anforderungen an ein neues System werden vielfach von den Fachbereichen bzw. den Stakeholdern in natürlicher Sprache definiert und eingereicht. Es gibt zwar eine Unterteilung nach Kapiteln (z.B. Ist-Zustand / Anforderungen etc.), aber es besteht zum grossen Teil als unstrukturierter Text. Dies kann verschiedene Vorteile und Nachteile haben.

Vorteile natürliche Sprache
+ Man muss keine Notation (Modellierungssprache) kennen
+ Kann von allen gelesen und verstanden werden
+ Ist für alle Arten von Anforderungen verwendbar

Nachteile natürliche Sprache
- Mehrdeutigkeiten
- Vermischung der Perspektiven
- Unübersichtlichkeit bei grossen Anforderungen

Vorteile von Modellen (Use Case, Klassendiagramm, Aktivitätendiagramme)
+ Exakt, kompakt und eindeutig
+ Überprüfbar, da formalisiert
+ Übersichtlich

Die textuellen Beschreibungen von Anforderungen müssen nicht abwechslungsreich oder spannend gestaltet sein. Das einzige was zählt, ist die Präzision. Daher sollten immer die gleichen (vorher im Glossar definierten) Begriffe und Ausdrücke verwendet werden. Sogar der Satzaufbau ist vordefiniert und sollte wenn immer möglich eingehalten werden. Üblicherweise werden für die Dokumentation Mischformen benutzt: Je nach Leserkreis werden sowohl natürliche Sprache wie (einfache) Modelle kombiniert, um die Vorteile beider Dokumentationsformen nutzen zu können. Auch können Modelle durch Kommentare ergänzt und erläutert und so für einen breiteren Leserkreis verständlich gemacht werden.

5.1 Die fünf Transformationsprozesse bei der Wahrnehmung und Darstellung

Da die natürliche Sprache oft mehrdeutig und interpretierbar ist, ist es notwendig, beim Einsatz von Sprache genau diesem Gesichtspunkt besondere Aufmerksamkeit zu widmen. Bei der Darstellung treten so genannte „Transformationsprozesse" auf. Die Tatsache, dass diese Transformationsprozesse gewissen Regeln gehorchen, kann der RE nutzen, um durch gezieltes Nachfragen zu ermitteln, was der Autor der Anforderung wirklich gemeint hat. Die fünf für das RE relevantesten Transformationsprozesse sind:

- Nominalisierung (→ 5.1.1)
- Substantive ohne Bezugsindex (→ 5.1.2)
- Universalquantoren (→ 5.1.3)
- Unvollständig spezifizierte Bedingungen (→ 5.1.4)
- Unvollständig spezifizierte Prozesswörter (→ 5.1.5)

5.1.1 Nominalisierung von Anforderungen

Die Nominalisierung von Anforderungen bedeutet, diese auf einen allgemeinen gültigen Zustand zu bringen mit folgenden Massnahmen.

Schritt 1 – Suche nach Substantiven: Als Ausgangspunkt bei der Identifikation von Merkmalen werden Anforderungstexte nach Substantiven durchsucht.

Schritt 2 – Nomalisierung: Im folgenden Schritt werden die gefundenen Substantive normalisiert, d.h. sprachlich bereinigt und in die Grundform gebracht (z.B. werden Substantive vom Plural in den Singular überführt).

Schritt 3 – Entfernen von Duplikaten: Im dritten Schritt werden aus der Liste der normalisierten Substantive die Duplikate entfernt.

Schritt 4 – Entfernen von Stopp-Wörtern: Zum Schluss werden allgemeine Substantive, die mit dem Produkt als solches nichts zu tun haben, aus der Liste entfernt (z.B. Wörter, die sich mit vertraglichen oder allgemeinen Entwicklungsaspekten im Projekt beschäftigen), sodass als Ergebnis eine Liste mit Merkmalskandidaten herauskommt.

5.1.2 Substantive ohne Bezugsindex

Bei Substantiven ohne Bezugsindex sollen Fragen gestellt werden, ob sie eigentlich eine spezifische Person, Personengruppe, Gegenstände oder eine Gruppe von Gegenständen bezeichnen sollten. Sprachliche Vertreter für unvollständig spezifizierte Substantive sind z.B. „die Daten", „die Funktion", „das System", „die Meldung" und „der Anwender". Bei solchen Substantiven sollen folgende Fragen gestellt werden:

- <u>Was</u> ist genau gemeint?
- <u>Wer</u> ist genau gemeint?
- <u>Wann</u> ist es genau gemeint?
- <u>Wie</u> ist es genau gemeint?

Beispiel:
Das System soll unzulässige Eingaben verhindern
Fragen:
Welcher Teil des Systems verhindert unzulässige Eingaben? Wie wird das verhindert?
Besser:
Die Eingabemaske Auslandzahlungsverkehr soll Beträge über EUR 100 Mio. nicht zulassen. Es sind nur Angaben in nummerischen Werten erlaubt.

Beispiel:
Die Datensicherung erfolgt wöchentlich.
Fragen:
Wie und wohin sollen welche Daten gesichert werden?
Besser:
Die Datensicherung aller Anwenderdaten soll wöchentlich auf ein Magnetband erfolgen

5.1.3 Universalquantoren

Universalquantoren sind Angaben der Häufigkeiten. Es lässt sich leicht an einigen Signalwörtern wie „nie", „immer", „kein", „jeder", „alle", „irgendeiner", „nichts" erkennen. Durch Universalquantoren der Anforderungen soll bestimmt werden, ob das geforderte Verhalten wirklich für alle Objekte aus der Menge gelten soll. Um das Schreiben der Anforderungen zu erleichtern und die Mehrdeutigkeit zu vermeiden, sollten die Universalquantoren nur durch definierte quantitative Angaben wie zum Beispiel „alle", „jeder/jedem", „entweder", „immer", „oder" und „kein" definiert werden.

> **Beispiel:**
> Die Rechnungen sollen bezahlt werden.
> **Fragen:**
> Sollen alle Rechnungen oder nur ein Teil bezahlt werden?
> **Besser:**
> Es sollen alle Rechnungen, welche in dieser Woche fällig werden, immer bezahlt werden.
>
> **Beispiel:**
> Es soll regelmässig eine Sicherung der wichtigsten Daten gemacht werden.
> **Fragen:**
> Was heisst regelmässig, welche Daten?
> **Besser:**.
> Es soll täglich eine Sicherung aller Benutzerdaten gemacht werden, welche neu angelegt oder geändert worden sind.

5.1.4 Unvollständig spezifizierte Bedingungen

Die Bedingungen in der Anforderung müssen bestimmt und überprüft werden, sowohl für den Fall, dass die Bedingung eintritt als auch dafür, dass sie nicht eintritt. Zusätzlich sollte die Frage gestellt werden: „Sind alle möglichen Bedingungen und Varianten aufgezählt und geschildert?"

> **Beispiel:**
> Sollen Daten mutiert werden, ist sicherzustellen, dass nur ein Benutzer gleichzeitig Schreibzugriff auf die Daten erhält.
> **Fragen:**
> Wie sieht es aus, wenn keine Daten mutiert werden sollen? Ist dann der gleichzeitige Schreibzugriff auf die Daten durch mehrere Benutzer gestattet?
> **Besser:**
> Sollen Daten mutiert werden, ist sicherzustellen, dass nur ein Benutzer gleichzeitig Schreibzugriff auf die Daten erhält. Lesend dürfen mehrere Benutzer gleichzeitig zugreifen.
>
> **Beispiel:**
> Nach einem Warmstart des Computer-Systems muss innerhalb von 10 Minuten auf die Daten zugegriffen werden können.
> **Frage:**
> In welcher Zeit muss z.B. bei einem Kaltstart auf die Daten zugegriffen werden können?
> **Besser:**
> Nach einem Warmstart des Computer-Systems muss innerhalb von 10 Minuten auf die Daten zugegriffen werden können. Bei einem Kaltstart muss das System innerhalb einer Stunde zur Verfügung stehen.

5.1.5 Unvollständig spezifizierte Prozesswörter

Prozesse werden unvollständig beschrieben, es wird zwar notiert was gemacht wird, aber zu ungenau. Es kann durchaus die Absicht des Schreibers sein, dass er etwas offen lässt, aber in vielen Fällen führt dies dazu, dass die Anforderungen zu ungenau beschrieben sind. Empfehlung: Anforderungen im Aktiv formulieren und W-Fragen (Wer, was, wohin, von wem, wie usw.) beantworten.

Schlecht:
Die Daten müssen vom System übertragen werden.
Frage:
Es bleibt offen, wohin welche Daten übertragen werden.
Besser:
Die Daten müssen als XML via Middelware an das System XY übertragen werden.

Schlecht:
Das System meldet einen Datenverlust.
Frage:
„Datenverlust" und „melden" sind nicht vollständig spezifiziert. Wohin meldet das System den Datenverlust? Wer verliert Daten?
Besser:
Das Speichersystem der Datenbank meldet via Konsole und SMS einen Datenverlust an den First-Level-Support.

Beispiel:
Der Verlauf wird protokolliert.
Frage:
Wer protokolliert den Verlauf?
Besser:
Der Verlauf der Besprechung wird in einem Entscheidungsprotokoll durch Max Muster protokolliert.

5.2 Konstruktion von Anforderungen mittels Satzschablone (K2)

Die Arbeit mit einer Satzschablone für Anforderungen trägt dazu bei, dass Anforderungssätze einheitlich strukturiert sind und so gewisse Fehler (fehlende Verbindlichkeit, fehlender Akteur) von vornherein vermieden werden.

Was ist eine Anforderung:

> „Eine funktionale Anforderung ist eine Anforderung bezüglich eines Ergebnisses oder eines Verhaltens, das von einer Funktion eines Systems bereitgestellt werden soll.

Was ist eine Anforderungsschablone:

> „Eine Anforderungsschablone ist ein Bauplan, der die Struktur eines einzelnen Anforderungssatzes festlegt".

Durch die Vorgabe der Syntax können Sie Anforderungen schnell, einfach und verständlich formulieren. Allerdings ist auch das Schreiben von Anforderungen nach einer Schablone nicht immer von sprachlichen Effekten befreit Diese natürlichen Effekte lassen sich nicht vollständig vermeiden. Beachten Sie nachfolgende Empfehlungen:
- Es werden stets Anforderungen im Aktiv geschrieben (Ich werde ....).
- Es werden stets Anforderungen als vollständige Sätze geschrieben.
- Die Anforderungen bilden Prozesse mit Hilfe von Vollverben ab.
- Für jedes Prozesswort wird genau ein Anforderungssatz geschrieben.

Im Folgenden vermitteln wir Ihnen Hintergrundwissen zum Ausfüllen der einzelnen Positionen der Schablone.

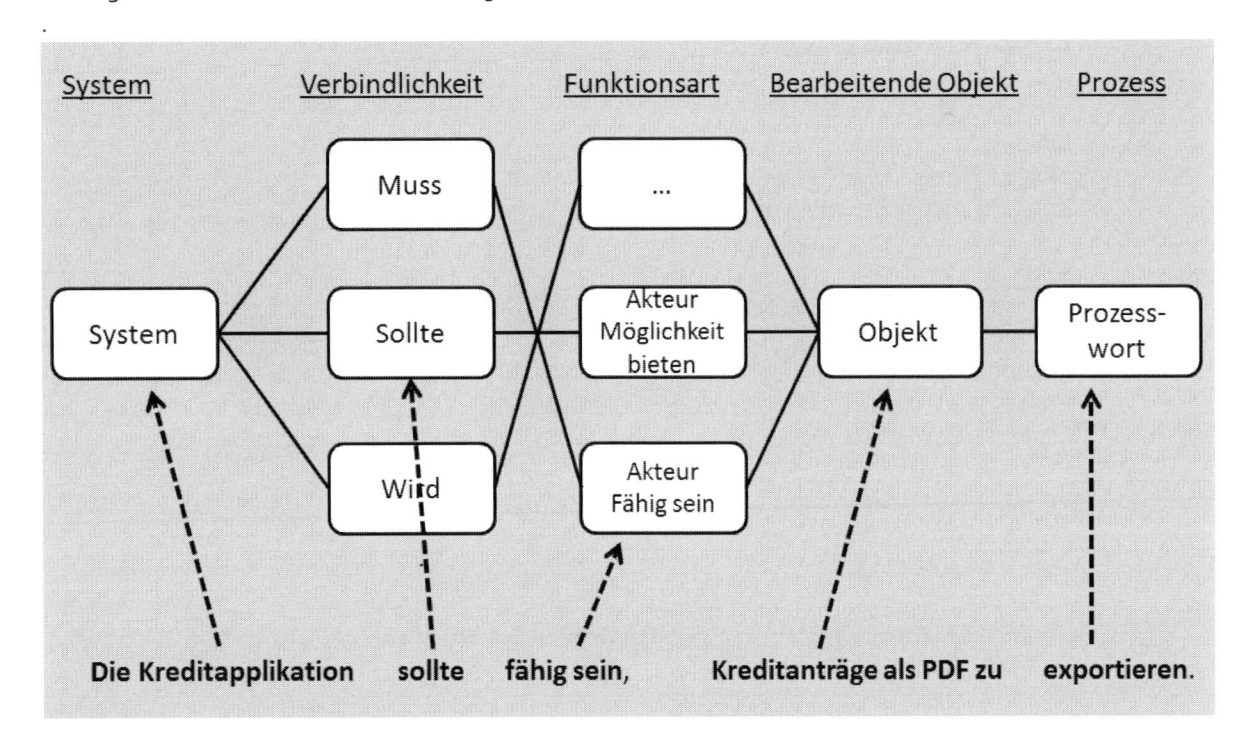

SYSTEM
Mit dem System ist das System aus dem Kontext gemeint. Dies kann ein Informatik-System sein, eine Maschine oder auch eine Organisation. Das System macht, produziert oder verändert etwas.

Verbindlichkeit

Wichtig ist die Verbindlichkeit, ob die Anforderung erfüllt werden muss. Es kann mit den Modalverben **Muss/Sollte/Wird** gebildet. Eine Muss-Anforderung muss in jedem Fall verbindlich erfüllt werden, eine Sollte-Anforderung muss nicht unbedingt erfüllt werden und eine Wird-Anforderung sagt etwas darüber aus, was das System in Zukunft macht.

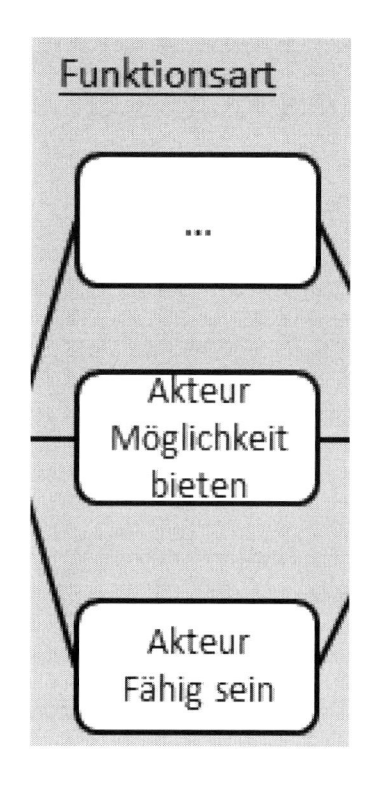

Funktionsarten

Systemaktivität selbständig
Ein System startet eine Funktion selbständig oder automatisch und führt sie nachfolgend aus. Ein Benutzer tritt dabei nicht in Erscheinung.
Verbindlichkeit > Muss / Soll

Benutzerinteraktion
Das System stellt seinem Benutzer eine Funktionalität zur Verfügung oder es tritt mit ihm in Interaktion (das kann z. B. in Form einer Auswahlmaske geschehen).

Schnittstellenanforderungen
Mit Anforderungen an Schnittstellen wird der Fall abgedeckt, dass ein System eine Funktion nur in Anhängigkeit der Informationsübergabe durch einen Dritten, der nicht der Benutzer ist, ausführen kann. Das kann ein Nachbar- oder Fremdsystem sein.

Objekt

Sind Sachen die verändert, bearbeitet und verwendet werden. Dies kann in der Praxis ein Dokument, ein Bauteil, ein Telefon oder eine Information sein. Objektkandidaten Beispiele:

Greifbare Objekte	⇨	Fliessband, Temperatursensor, Telefon
Rollen, die von Objekten gespielt werden	⇨	Pilot, Mitarbeiter, Käufer
Objekte, die andere Objekte zusammenfassen	⇨	Steuerprogramm, Montageanleitung, Rezept
Vorgänge, Geschehnisse	⇨	Anruf, Verkauf, Schaltvorgang

Prozesswörter

So endet ein Anforderungssatz mit einem Prozesswort im Infinitiv. Es ist der zentrale Kern der Anforderung, denn es nennt die Funktion eines Systems. Daher ist es wichtig, Prozesswörtern genügend Aufmerksamkeit zu schenken. Eine Möglichkeit dafür ist das Erstellen einer Prozesswortliste am Anfang eines Projekts. In dieser Liste sammeln Sie alle projektrelevanten Infinitive und definieren diese. Auf diese Weise schaffen Sie bei allen Projektbeteiligten ein gemeinsames Verständnis der Anforderungen und der darin enthaltenen Prozesswörter, wie z. B.
- archivieren
- auswählen
- exportieren
- rechnen

Generelle Anmerkungen zu Satzschablonen

Satzschablonen sollen nur angewendet werden, wenn dazu die Projektmitarbeiter bereit sind, sich an einem stark geführten Prozess zu beteiligen. Die Phantasie und die stilistischen Möglichkeiten werden dabei sehr eingeschränkt, insbesondere bei Stakeholdern, könnte dies zu Widerständen führen.

5.3 Repetitionsfragen

1. Für die Überwachung eines Lastwagendienstes soll eine Software entwickelt werden, die periodisch die Positionsdaten eines Fahrzeugs an die Zentrale übermittelt. Folgende Anforderung wurde dokumentiert: „Das System soll so lange die Positionsdaten übermitteln, wie der Lastwagen fährt."

   Mit welcher Massnahme kann die Anforderung qualitativ am ehesten verbessert werden? (1 Antwort).

   1 Punkt

☐	A) Ergänzung des Kontextdiagramms.
☐	B) Verweis auf das Glossar.
☐	C) Verwendung einer Satzschablone.
☐	D) Ergänzung durch ein Zustandsdiagramm.

2. Welche Verletzung der Regeln für natürlichsprachige Anforderungen ist in der Anforderung vorhanden "Das neue System soll in jedem Report alle Datensätze anzeigen" (1 Antwort)

   1 Punkt

☐	A) Es wurde eine Passiv-Formulierung verwendet.
☐	B) Es wurden Universalquantoren verwendet.
☐	C) Die rechtliche Verbindlichkeit der Anforderung ist nicht festgelegt.
☐	D) Die Verbindlichkeit der Anforderung ist nicht temporal spezifiziert.

3. Das Lagerverwaltungssystem muss Tag und Nacht während 24 Stunden zur Verfügung stehen. Welche Verletzung der Regeln für natürlichsprachige Anforderungen ist in der Anforderung vorhanden. (1 Antwort)

   1 Punkt

☐	A) Das Objekt wurde nicht genau spezifiziert.
☐	B) Es wurden Universalquantoren verwendet.
☐	C) Die rechtliche Verbindlichkeit der Anforderung ist nicht festgelegt.
☐	**D) Es hat noch „Unvollständig spezifizierte Bedingungen"**

6. Anforderungen modellbasiert dokumentieren (K2)

Lernziele	6.1.1 Den Modellbegriff und die Eigenschaften von Modellen kennen
	6.1.2 Definitionselemente einer konzeptuellen Modellierungssprache kennen
	6.1.3 Die Vorteile von Anforderungsmodellen kennen
	6.2.1 Die Bedeutung von Zielen im Requirements Engineering kennen
	6.2.2 Die zwei Arten der Zieldekomposition kennen
	6.2.3 Die Modellierung von Zielbeziehungen in Und-Oder-Bäumen können und anwenden
	6.3.1 Die Modellierung von Use-Case-Diagrammen können und anwenden
	6.3.2 Die Spezifikation von Use-Cases können und anwenden
	6.4.1 Die drei Perspektiven auf Anforderungen kennen
	6.5.1 Den Fokus der Strukturperspektive auf Anforderungen kennen
	6.5.2 Entity-Relationship-Diagramme und UML-Klassendiagramme können und anwenden
	6.6.1 Den Fokus der Funktionsperspektive auf Anforderungen kennen
	6.6.2 Datenflussdiagramme und UML-Aktivitätsdiagramme können und anwenden
	6.7.1 Den Fokus der Verhaltensperspektive auf Anforderungen kennen
	6.7.2 UML-Zustandsdiagramme können und anwenden
Schlüsselbegriffe.	Aktivitätendiagramm, Datenflussdiagramm, Funktionsperspektive, Klassendiagramme, Modellierungssprache, Modell, Oder-Zerlegung, Realität, Syntax, Semantik, Strukturperspektive, Und-Zerlegung, Use Case, UML, Verhaltensperspektive, Zielmodell

6.1 Der Modellbegriff (K1)

6.1.1 Den Modellbegriff und die Eigenschaften von Modellen kennen

Die Verwendung von Modellen erleichtert es, Informationen über einen Sachverhalt und deren Zusammenhänge gezielt zu verstehen, diese schneller zu erfassen und eindeutig zu dokumentieren. Ein Modell ist ein abstrahierendes Abbild einer existierenden Realität oder Vorbild einer zu schaffenden Realität.

Modelle besitzen dabei drei zentrale Eigenschaften:

>> Abbildung
Ein Modell ist stets eine Abbildung von etwas – nämlich Abbildung oder Repräsentation eines natürlichen oder eines künstlichen Originals (z.B. ein Bancomat, Börsenprozess etc.).

>> Verkürzung
Ein Modell erfasst im Allgemeinen nicht alle Attribute des Originals, sondern nur diejenigen, die dem Modellschaffer bzw. Modellnutzer relevant erscheinen.

>> Pragmatismus
Modelle werden immer für einen bestimmen Verwendungszweck erstellt. Im Idealfall enthält das Modell genau diejenigen Informationen und Eigenschaften, welche für diesen Anwendungszweck gefordert sind.

Im RE kommen im Normalfall grafisch konzeptionelle Modelle zum Einsatz, welche versuchen, die Realität darzustellen.

6.1.2 Definitionselemente einer konzeptuellen Modellierungssprache

Jede Modellierungssprache verfügt über eine festgelegte Syntax, die über eine Grammatik oder ein Metamodell beschrieben werden kann. Betrachtet man die immer grösser werdende Komplexität von Systemen, so ist die Nützlichkeit von Modellierungssprachen unbestritten.

Modellierungssprachen sind künstlich definierte Sprachen, die dazu dienen, Modelle zu erstellen. Sie werden insbesondere im Rahmen von Entwicklungsprojekten eingesetzt, um Ausschnitte der realen Welt zu modellieren (z.B. Geschäftsprozessmodelle, Ist-Analyse). Dies sind Anforderungen an eine zum Beispiel zu realisierende Software. Neben dedizierten Sprachen für bestimmte Bereiche ist die standardisierte UML (Unified Modeling Language) die am weitesten verbreitete Modellierungssprache.

Bezüglich ihrer Darstellungsform, d.h. ihrer konkreten Syntax, unterscheidet man zwischen textuellen und visuellen (oder auch graphischen) Modellierungssprachen. Visuelle Modellierungssprachen benutzen in der Regel Diagramme zur Darstellung. Typische Diagrammsymbole sind Kreise, Kästchen, Ovale, die durch Kanten oder Pfeile verbunden sind und geeignet beschriftet sind. Die zugrundeliegende abstrakte Syntax der Modellierungssprache definiert, wie die Diagrammsymbole eingesetzt und verbunden werden dürfen. Wie alle Sprachen haben auch Modellierungssprachen neben der Festlegung ihrer Syntax eine Semantik.

Syntax
Legt die verwendenden Modellelemente fest. Sie legt fest, wie man das Modell darstellen kann, die Formvorschriften und was erlaubt ist. Darunter versteht man das Regelsystem.

Semantik
Definiert die Bedeutung, die Aussagekraft der Elemente. Sie sagt, was das Modell bedeutet und aussagen soll.

Es gibt eine grosse Anzahl von Modellierungssprachen: Die am weitesten verbreiteten stellen ein breites Spektrum an Werkzeugen zur Verarbeitung bereit.
- Entity-Relationship-Modell im Rahmen der Datenmodellierung
- Ereignisgesteuerte Prozesskette (EPK)
- Funktionsplan nach ISO EN 61131-3
- Petri-Netze
- Programmablaufplan nach DIN 66001
- <SysML (System-Modellierungssprache)
- Unified Modeling Language (UML)

Zusammen mit RE spielt UML eine grosse Rolle, ist weit verbreitet und wird in vielen Projekten angewendet. Wir werden uns in diesem Buch weitgehend auf UML konzentrieren.

Wie alle Sprachen haben auch Modellierungssprachen neben ihrer Syntax eine Semantik. Man unterscheidet zwischen formalen und informalen Modellierungssprachen. Bei formalen Modellierungssprachen ist die Semantik präzise definiert. Bei informalen Modellierungssprachen ist die Semantik in der Sprachdefinition nur umgangssprachlich festgelegt.

informale	⇨	Bedeutung nur textlich und offen festgelegt
formale	⇨	Die Semantik/Bedeutung präzise festgelegt
semiformale	⇨	Mischung der beiden oberen Erklärungen.

6.1.3 Vorteile von Anforderungsmodellen

In der der Umgangssprache sagt man: „Ein Bild sagt mehr als tausend Worte." Es ist ein Sprichwort und eine Metapher für den Mehrwert von Bildern gegenüber ausschliesslichem Text. Es bezieht sich darauf, dass komplizierte Sachverhalte oft mit einem Bild oder einer Darstellung sehr einfach erklärt werden können und ein Bild meist einen stärkeren Eindruck auf den Betrachter ausübt als ein umfangreicher Text.

Warum nimmt man Modelle (Bilder) zur Darstellung:
- Weil diese einfach und verständlich sind
- Weil Menschen vielfach besser in Bildern denken als in geschriebenen Worten
- Weil dadurch die Komplexität verringert werden kann
- Damit Varianten einer Lösung besser verglichen werden können
- Weil unterschiedliche Abstraktionen möglich sind

Vielfach werden Anforderungs-Dokumentationen in natürlicher Sprache und Anforderungsmodelle zusammengenommen. Somit können beide Vorteile miteinander kombiniert werden.

6.2 Zielmodelle (K2)

Stakeholder verfolgen Absichten. Sie versprechen sich von einem geplanten oder einem vorhandenen, weiterzuentwickelnden System, dass es dabei hilft, diese Absichten zu erfüllen. Ziele sind der beste Weg, die Anforderungen an ein System zu ermitteln. Ziele drücken aus, was ein Stakeholder will – das klingt zwar banal, ist es aber in der Praxis nicht. Denn nur, wenn man die Ziele ermittelt, erfährt man, was ein Stakeholder sich vom geplanten System erhofft, und was entwickelt werden soll. Wie erfolgreich ein Projekt, ein Vorhaben oder eine Entwicklung ist, lässt sich anhand der Zielerreichung feststellen.

Ein Ziel beschreibt die Intention eines Stakeholders. Eine Intention betrifft typischerweise ein charakteristisches Merkmal des zu entwickelnden Systems bzw. des zugehörigen Entwicklungsprojekts. Ziele können sowohl natürlichsprachig als auch in Form von Modellen dokumentiert werden. Ein wesentlicher Bestandteil der Dokumentation von Zielen ist die Beschreibung von Verfeinerungsbeziehungen (Dekompositionsbeziehungen) zwischen einem übergeordneten und untergeordneten Zielen. Diesbezüglich werden zwei Arten der Dekomposition unterschieden:

Und-Dekomposition (alle Teilziele müssen erreicht sein, um das übergeordnete Ziel zu erfüllen) **Oder-Dekomposition** (mindestens ein Teilziel muss erfüllt sein, um das übergeordnete Ziel zu erfüllen). Solche Dekompositionsbeziehungen zwischen Zielen werden häufig in Form von Und-Oder-Bäumen dokumentiert.

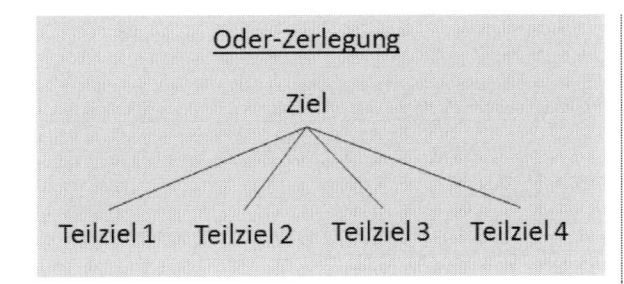

Oder-Zerlegung

Ziel → Teilziel 1, Teilziel 2, Teilziel 3, Teilziel 4

Und-Zerlegung

Ziel → Teilziel 1, Teilziel 2, Teilziel 3, Teilziel 4

Bei der Oder-Dekompositionsbeziehung muss mindestens eines der Teilziele erfüllt sein, damit das übergeordnete Ziel erfüllt ist.

Bei der Und-Dekompositionsbeziehung muss jedes der Teilziele erreicht sein, damit das übergeordnete Ziel erfüllt ist.

Beispiel: Ziel ist es, eine funktionsfähige Bibliothek zu haben, welche sind die Muss-Ziele und welches sind die Kann-Ziele.

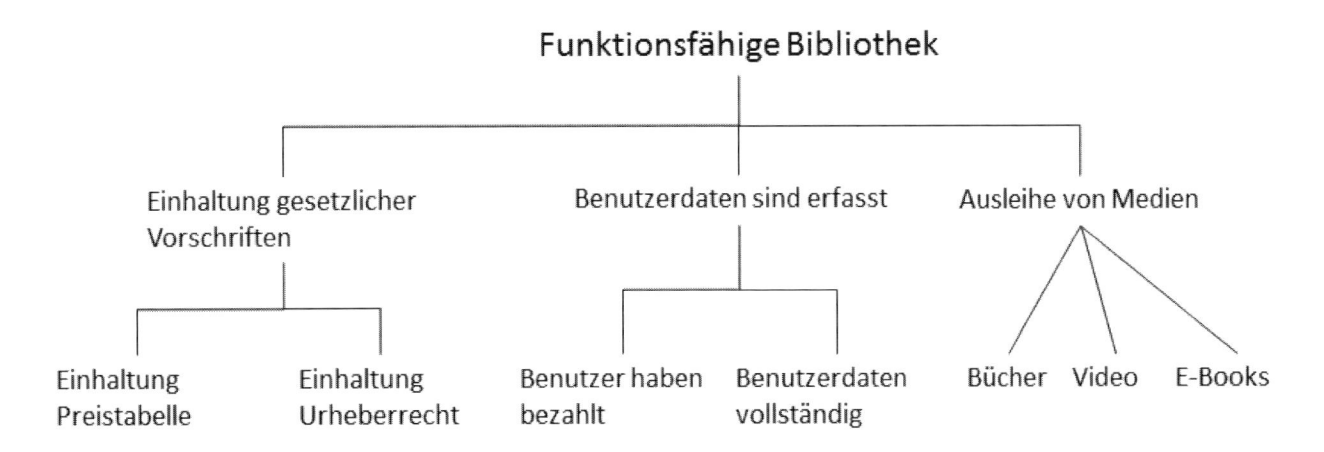

Funktionsfähige Bibliothek

- Einhaltung gesetzlicher Vorschriften
  - Einhaltung Preistabelle
  - Einhaltung Urheberrecht
- Benutzerdaten sind erfasst
  - Benutzer haben bezahlt
  - Benutzerdaten vollständig
- Ausleihe von Medien
  - Bücher
  - Video
  - E-Books

6.3 Use Cases (K2)

Use Cases dienen dazu, die Funktionalität eines geplanten oder existierenden Systems aus einer Nutzungssicht auf das System untersuchen und dokumentieren zu können. Der Use-Case-Ansatz basiert auf zwei sich ergänzenden Dokumentationstechniken:
- Use Case-Diagramme
- Use Case-Spezifikationen

6.3.1 Die Modellierung von Use-Case-Diagrammen können und anwenden

Use Case sind leicht verständliche Modelle, welche die notwendigen Funktionen, deren Beziehungen untereinander sowie den Kontext des Systems dokumentieren. Typische Modellierungselemente von Use Case-Diagrammen sind
- Akteure (Personen oder andere Systeme) im Systemkontext
- die Systemgrenze
- Use Cases
- verschiedene Typen von Beziehungen zwischen diesen Modellierungselementen

Abbildung 19: Elemente Use Case

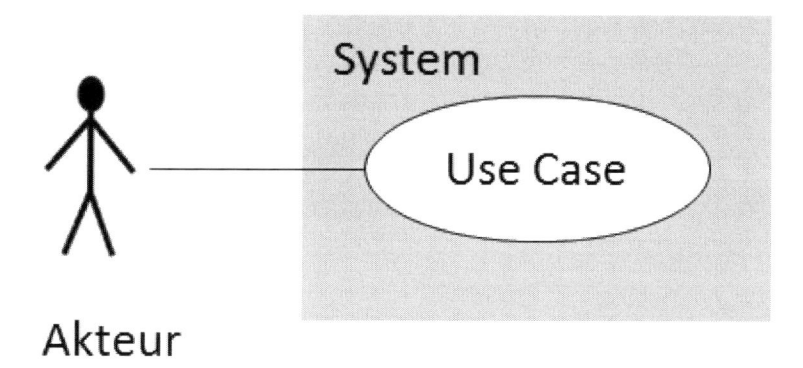

Im Use-Case-Diagramm gibt es den Akteur und das System. Der Akteur ist der Anwender, das System die zu entwickelnde Software. Im System, das als Rechteck dargestellt wird, werden verschiedene wesentliche Anforderungen platziert. Man schreibt hierzu sehr knappe Funktionsbeschreibungen in Ellipsen, wobei jede Ellipse genau eine Funktion darstellt. Die Ellipsen sind die Use-Cases - daher hat das Use-Case-Diagramm seinen Namen. Wenn Sie einen deutschen Begriff verwenden möchten: Use-Case wird für gewöhnlich mit Anwendungsfall übersetzt.

Verbindungslinien in UML-Diagrammen werden Assoziationen genannt. Sie stellen Zusammenhänge zwischen Elementen an den Enden von Assoziationen dar. Welche Art von Assoziation ausgedrückt wird, hängt von der Darstellung der Verbindungslinie und von Schlüsselwörtern ab, die an der Verbindungslinie stehen können.

Im Use-Case-Diagramm gibt es zwei Arten von Verbindungslinien: Die durchgezogene Verbindungslinie stellt eine Assoziation zwischen dem Akteur und einem Use-Case dar. Sie bedeutet, dass der Akteur den Use-Case in irgendeiner Form anwendet. Der Akteur tauscht also Informationen mit dem Use-Case aus. Das kann zum Beispiel bedeuten, dass er eine Funktion des Systems startet oder ihm von einer Funktion des Systems Daten ausgegeben werden.

Include- und Extend-Assoziation

Die gestrichelte Verbindungslinie stellt eine Assoziation zwischen zwei Use-Cases dar. Da es zwei verschiedene Arten von Assoziationen zwischen Use-Cases gibt, wird neben die gestrichelte Verbindungslinie ein Schlüsselwort gesetzt. Schlüsselwörter in der UML, die zur Spezifizierung von Verbindungslinien oder anderen geometrischen Formen verwendet werden, werden immer zwischen doppelte spitze Klammern gestellt. Diese Schlüsselwörter werden in der UML Stereotypen genannt. Eine include-Assoziation bedeutet, dass der Use-Case, von dem die Verbindungslinie ausgeht, den Use-Case einschliesst, auf den die Verbindungslinie zeigt. Im obigen Beispiel wird also immer dann, wenn der Use-Case A ausgeführt wird, von diesem Use-Case ausgehend der Use-Case B gestartet. Das heisst, dass irgendwann mitten in der Ausführung des Use-Case A der Use-Case B zu laufen beginnt. Wenn der Use-Case B dann beendet ist, setzt die Ausführung des Use-Case A fort.

Abbildung 20: Include- und Extend-Assoziation

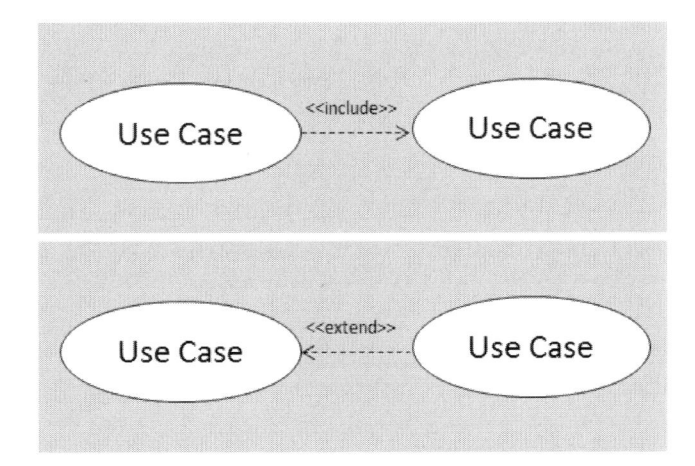

Eine extend-Assoziation bedeutet, dass der Use-Case, von dem die Verbindungslinie ausgeht, möglicherweise den Use-Case erweitert, auf den die Verbindungslinie zeigt. Der entscheidende Unterschied zwischen einer include- und extend-Assoziation ist also, dass bei der include-Beziehung der zweite Use-Case immer ausgeführt wird, bei der extend-Assoziation der zweite Use-Case in Abhängigkeit von Bedingungen im ersten Use-Case ausgeführt wird. Für das obige Beispiel bedeutet das, dass der Use-Case D dann ausgeführt wird, wenn bestimmte Bedingungen im Use-Case C erfüllt sind.

Abbildung 21: Use Case Konto-Eröffnung

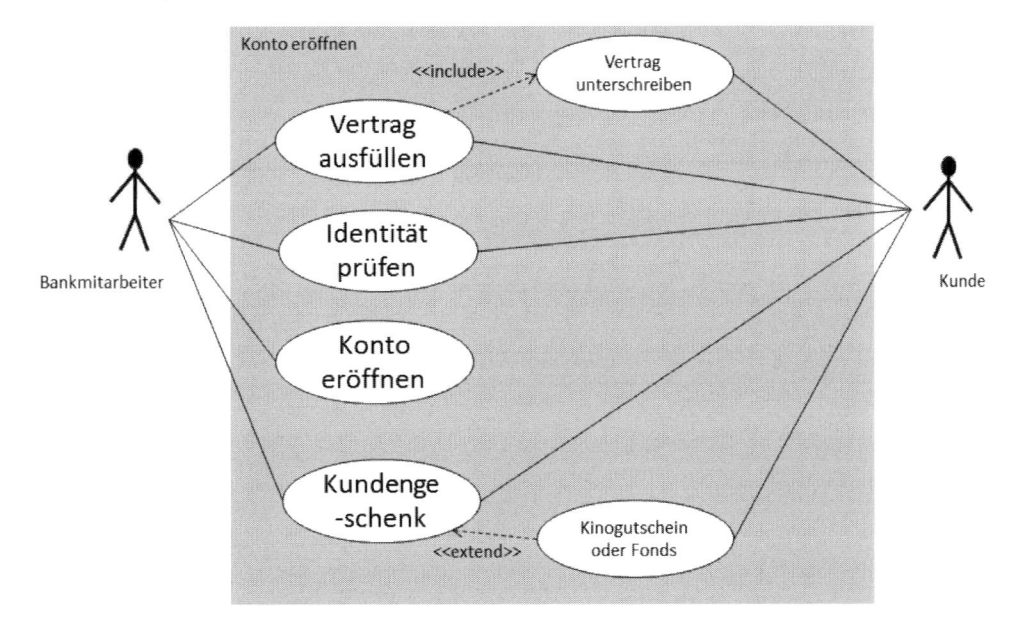

Use Case-Spezifikationen

Beinhalten Informationen zur Systematik der Interaktionen eines Use Case mit Akteuren in der Umgebung. Diese Informationen werden mit Hilfe einer Schablone (also einer Vorlage) textuell dokumentiert und sollten Angaben enthalten wie:

- Name mit eindeutigem Identifier
- Beschreibung,
- beteiligte Akteure
- Priorität
- Kritikalität
- Verantwortlichkeiten
- Vorbedingungen oder Nachbedingungen
- Status

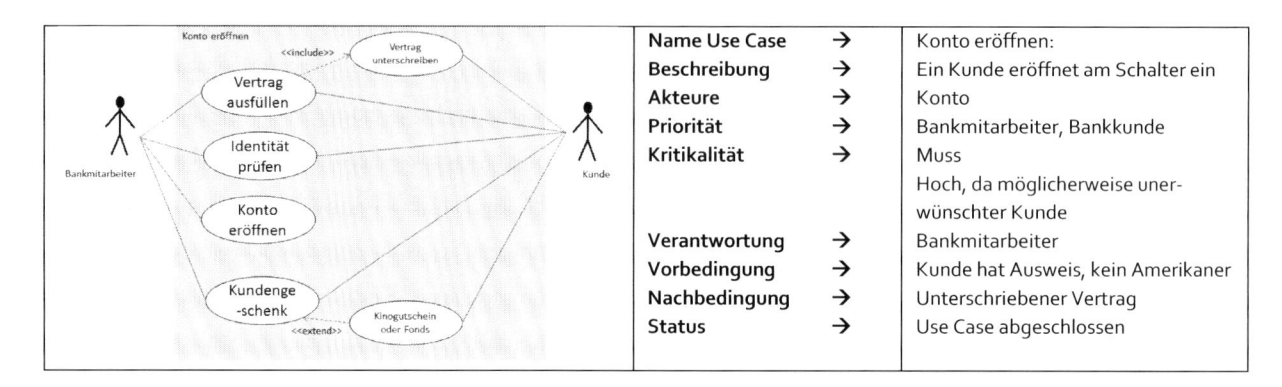

Name Use Case	→	Konto eröffnen:
Beschreibung	→	Ein Kunde eröffnet am Schalter ein Konto
Akteure	→	Bankmitarbeiter, Bankkunde
Priorität	→	Muss
Kritikalität	→	Hoch, da möglicherweise unerwünschter Kunde
Verantwortung	→	Bankmitarbeiter
Vorbedingung	→	Kunde hat Ausweis, kein Amerikaner
Nachbedingung	→	Unterschriebener Vertrag
Status	→	Use Case abgeschlossen

6.4 Drei Perspektiven auf die Anforderungen (K1)

Anforderungen an das zu entwickelnde System werden im Rahmen der modellbasierten Dokumentation in drei überlappenden Modellierungsperspektiven modelliert.
- Strukturperspektive
- Funktionsperspektive
- Verhaltensperspektive

Typische Vertreter konzeptueller Modellierungssprachen für die Strukturperspektive sind das Entity-Relationship-Modell und UML-Klassendiagramme. In der Funktionsperspektive kommen häufig Datenflussdiagramme oder UML-Aktivitätsdiagramme mit Objektflüssen zwischen Aktionen zum Einsatz. Typische Vertreter von konzeptuellen Modellierungssprachen in der Verhaltensperspektive sind endliche Automaten oder Statecharts.

Bei der Analyse spielen die folgenden Perspektiven zur Beschreibung von Anforderungen eine grosse Rolle:

Strukturperspektive: Die Datenperspektive betrachtet die statische Struktur der Daten (d.h. Datentypen, deren Attribute sowie Beziehungen zwischen den Datentypen) und wird daher als Strukturperspektive bezeichnet.
- Entity-Relationship-Modell und UML-Klassendiagramme

Funktionsperspektive: Die Funktionsperspektive betrachtet die Manipulation der Daten durch die Funktion des Systems, d.h. die Transformation von Eingaben und Funktion in Ausgaben.
- Datenflussdiagramme oder UML-Aktivitätsdiagramme

Verhaltensperspektive: Die Verhaltensperspektive beschreibt das Verhalten des Systems, dessen Reaktion auf externe Veränderungen in Form von erlaubten Zuständen, Zustandsänderungen und erzeugten Ausgaben.
- Endliche Automaten oder Statecharts.

Abbildung 22 - Perspektiven bei Anforderungen

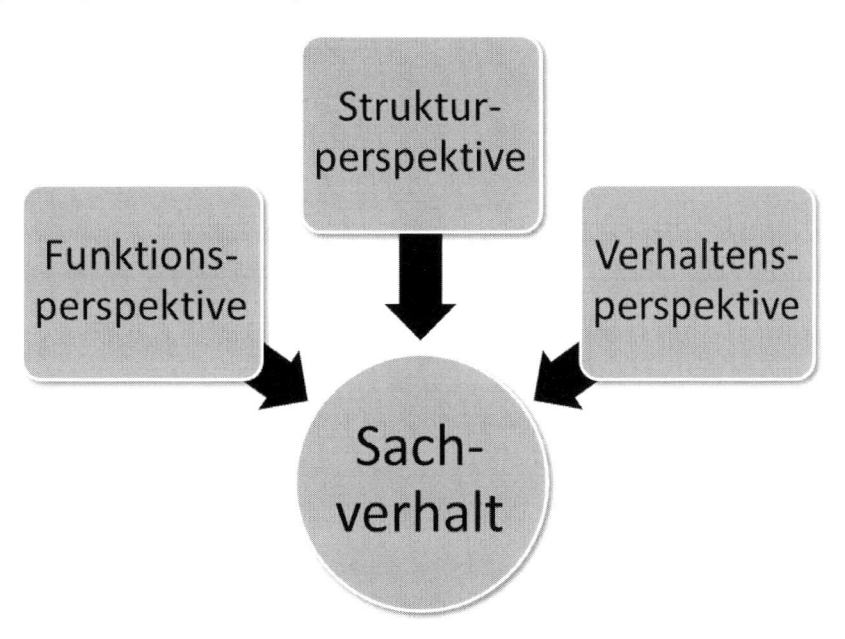

6.5 Anforderungsmodellierung in der Strukturperspektive (K2)

6.5.1 Den Fokus der Strukturperspektive auf Anforderungen

In der Strukturperspektive wird z.B. die Struktur von Daten sowie von Nutzungs- und Abhängigkeitsbeziehungen im Systemkontext dokumentiert. Traditionell wird die Strukturperspektive durch Entity-Relationship-Diagramme modelliert, welche die Struktur der zu modellierenden Realität durch drei Modellelemente dokumentieren:

- Entitätstypen
- Beziehungstypen
- Attribute

Des Weiteren kann die Häufigkeit, in der eine Instanz (Entität) eines Entitätstyps an einer Beziehung eines spezifischen Beziehungstyps teilnimmt, durch Kardinalitäten dokumentiert werden. Ein verbreiteter Ansatz zur Modellierung von Anforderungen in der Strukturperspektive sind UML-Klassendiagramme. Ein Klassendiagramm besteht aus einer Menge von Klassen und Assoziationen zwischen diesen Klassen. In diesem Zusammenhang häufig verwendete Modellelemente von UML-Klassendiagrammen sind:

- Klassen
- Assoziationen (mit Multiplizitäten und Rollen)
- Aggregations- und Kompositionsbeziehungen
- Generalisierungsbeziehungen

6.5.2 Klassendiagramme (Entity-Relationship-Diagramme)

Klassendiagramme stellen die statische Struktur eines Systems dar. Sie zeigen die Klassen, die Eigenschaften der Klassen (Attribute), das Verhalten (Operationen) der Klassen und die Beziehungen zwischen den Klassen. Sie sind der zentrale Diagrammtyp der UML und werden in allen Phasen der Softwareentwicklung eingesetzt.

Ein Klasse modelliert:
- Dinge (Navigationsgerät)
- Begriffe (Krankheit)
- Personen (Arbeiter)

Ein Klasse ist eine Menge von Objekten mit <u>gleicher Struktur</u> und <u>gleichem Verhalten</u>.
• Attribute beschreiben Struktur
• Operationen beschreiben Verhalten

Notation:

```
Kunde
-----------------
Name: string
Vorname: string
Alter: integer
-----------------
display()
new()
```

Klasse
Eine Klasse kann als Rechteck dargestellt werden, das den Klassennamen enthält. Üblicherweise bestehen Klassen aus drei Bereichen; der obere Bereich enthält den Stereotyp, das Paket zu dem die Klasse gehört und den Namen. Im mittleren Bereich werden die Attribute angegeben und im unteren Bereich stehen die Operationen der Klasse. Laut UML-Spezifikation kann die Darstellung einer Klasse zusätzliche Bereiche enthalten.

Assoziation
Eine Linie zwischen den Klassen stellt eine Assoziation dar. Eine Assoziation ist eine Beziehung zwischen Klassen. Die Objekte der Klassen kommunizieren über die Assoziationen miteinander. Die Assoziation kann einen Namen haben. Ein Pfeil an dem Assoziationsnamen gibt die Leserichtung des Namens an. An den Assoziationsenden können die Rollen der beteiligten Klassen und die Multiplizität angegeben werden. Die zweigliedrige Assoziation kann, wie die mehrgliedrige Assoziation, durch eine Raute markiert werden.

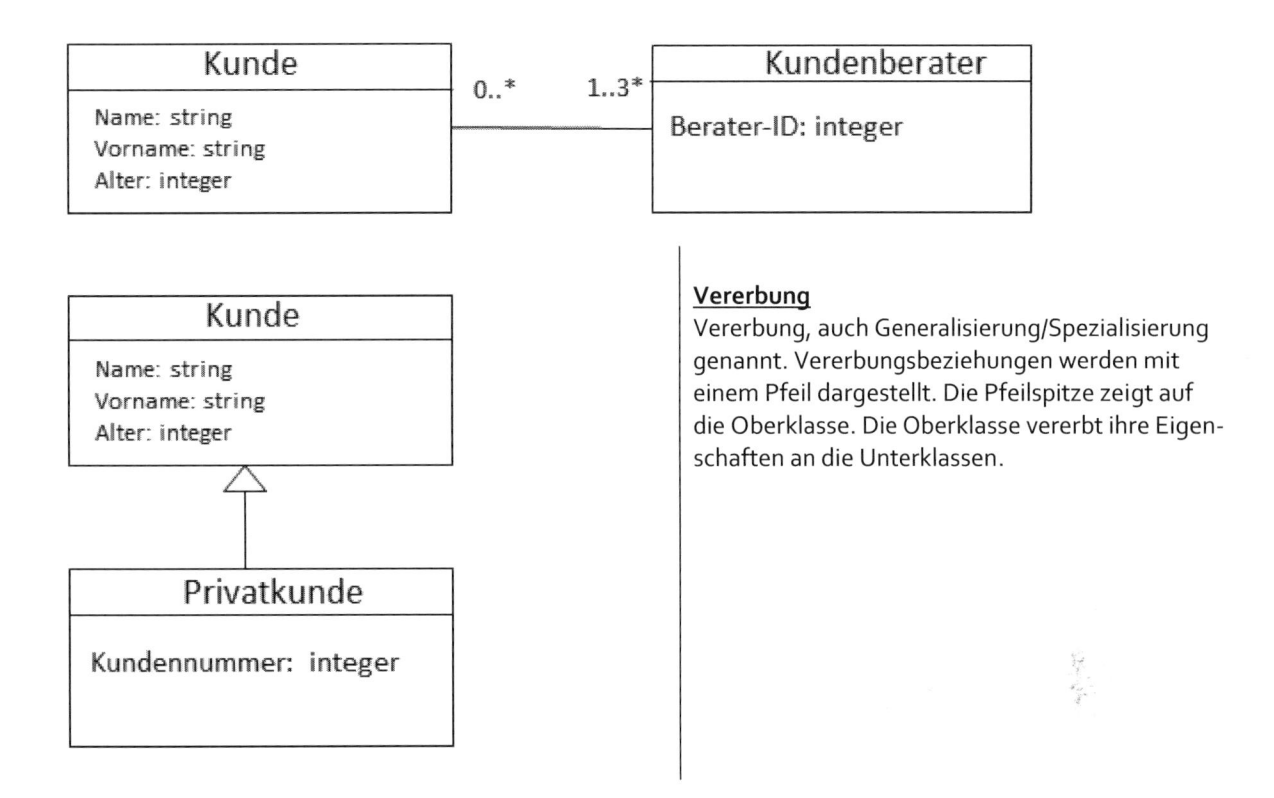

```
┌─────────────────────────┐                      ┌─────────────────────────┐
│         Kunde           │                      │     Kundenberater       │
├─────────────────────────┤        0..*   1..3*  ├─────────────────────────┤
│ Name: string            ├──────────────────────┤ Berater-ID: integer     │
│ Vorname: string         │                      │                         │
│ Alter: integer          │                      │                         │
└─────────────────────────┘                      └─────────────────────────┘
```

```
┌─────────────────────────┐
│         Kunde           │
├─────────────────────────┤
│ Name: string            │
│ Vorname: string         │
│ Alter: integer          │
└─────────────────────────┘
            △
            │
┌─────────────────────────┐
│      Privatkunde        │
├─────────────────────────┤
│ Kundennummer: integer   │
└─────────────────────────┘
```

Vererbung
Vererbung, auch Generalisierung/Spezialisierung genannt. Vererbungsbeziehungen werden mit einem Pfeil dargestellt. Die Pfeilspitze zeigt auf die Oberklasse. Die Oberklasse vererbt ihre Eigenschaften an die Unterklassen.

Aggregation
Eine Aggregation drückt eine Teile-Ganzes-Beziehung aus. Das Ganze-Objekt besteht aus Teil-Objekten. Die Raute befindet sich an dem Ende des Ganzen. Die Aggregation ist eine spezielle Art der Assoziation. Da das Ganze die Teile enthält, sollte am Assoziationsende der Teile ein Navigationspfeil stehen.

Ein Kunde hat null oder mehrere Kreditkarten, eine Kreditkarte hat immer einen Kunden.

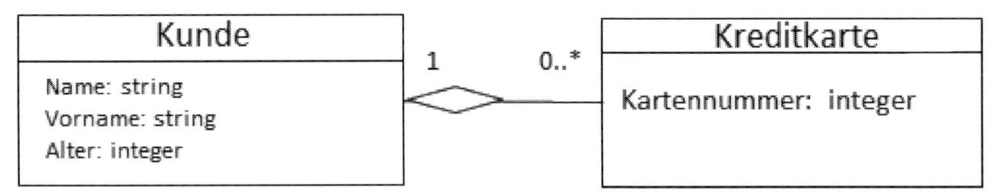

```
┌─────────────────────────┐                      ┌─────────────────────────┐
│         Kunde           │                      │      Kreditkarte        │
├─────────────────────────┤   1        0..*      ├─────────────────────────┤
│ Name: string            ├────────◇─────────────┤ Kartennummer: integer   │
│ Vorname: string         │                      │                         │
│ Alter: integer          │                      │                         │
└─────────────────────────┘                      └─────────────────────────┘
```

Komposition
Die Komposition ist auch eine Beziehung, die Teile zu einem Ganzen in Beziehung setzt. Die Teile und das Ganze sind bei dieser Beziehung existenzabhängig; die Teile können nicht ohne das Ganze existieren. Wird das Ganze gelöscht, so beenden auch die Teile ihre Existenz.

Ein Konto gehört immer zu einem bestimmten Kunden, ein Kunde hat ein oder mehrere Konten.

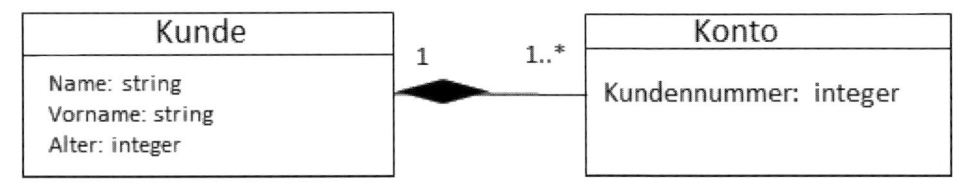

```
┌─────────────────────────┐                      ┌─────────────────────────┐
│         Kunde           │                      │         Konto           │
├─────────────────────────┤   1        1..*      ├─────────────────────────┤
│ Name: string            ├────────◆─────────────┤ Kundennummer: integer   │
│ Vorname: string         │                      │                         │
│ Alter: integer          │                      │                         │
└─────────────────────────┘                      └─────────────────────────┘
```

6.6 Anforderungsmodellierung in der Funktionsperspektive (K2)

6.6.1 Den Fokus der Funktionsperspektive auf Anforderungen

Funktionsperspektive: Die Funktionsperspektive betrachtet die Manipulation der Daten durch die Funktion des Systems, d.h. die Transformation von Eingaben und Funktion in Ausgaben. Die Modelle der Funktionsperspektive dokumentieren, welche Funktionen ein System bereitstellen muss. In diesem Zusammenhang wird dargestellt, welche Daten und Informationen vom System als Ein- und Ausgaben genutzt (Systemschnittstellen) und in welcher Art und Weise diese konkret verarbeitet werden.

6.6.2 Datenflussdiagramme und UML-Aktivitätsdiagramme können und anwenden

Als Funktionsmodell werden häufig – wie z.B. in der strukturierten Analyse nach Tom DeMarco – Datenflussdiagramme eingesetzt. Die Modellelemente in Datenflussdiagrammen sind:

Prozesse	Prozesse sind Funktionen des Systems, welche die Daten verändern. Der Prozess empfängt Daten, verarbeitet sie und gibt sie wieder ab.	(Speichern)
Datenflüsse	Ein Datenfluss beschreibt den Transport von Daten zwischen Datenspeichern und Terminatoren. Dies können materielle Daten oder auch reine Informationsflüsse sein.	→
Datenspeicher	Datenspeicher sind Behälter oder Vorrichtungen, welche Daten über eine längere Zeit persistent halten.	Kunden
Terminatoren	Terminatoren beschreiben Objekte – dies können Personen, Organisationen, Personengruppen etc. sein.	[Mitarbeiter]

Abbildung 23: Datenflussdiagramm Bibliothek

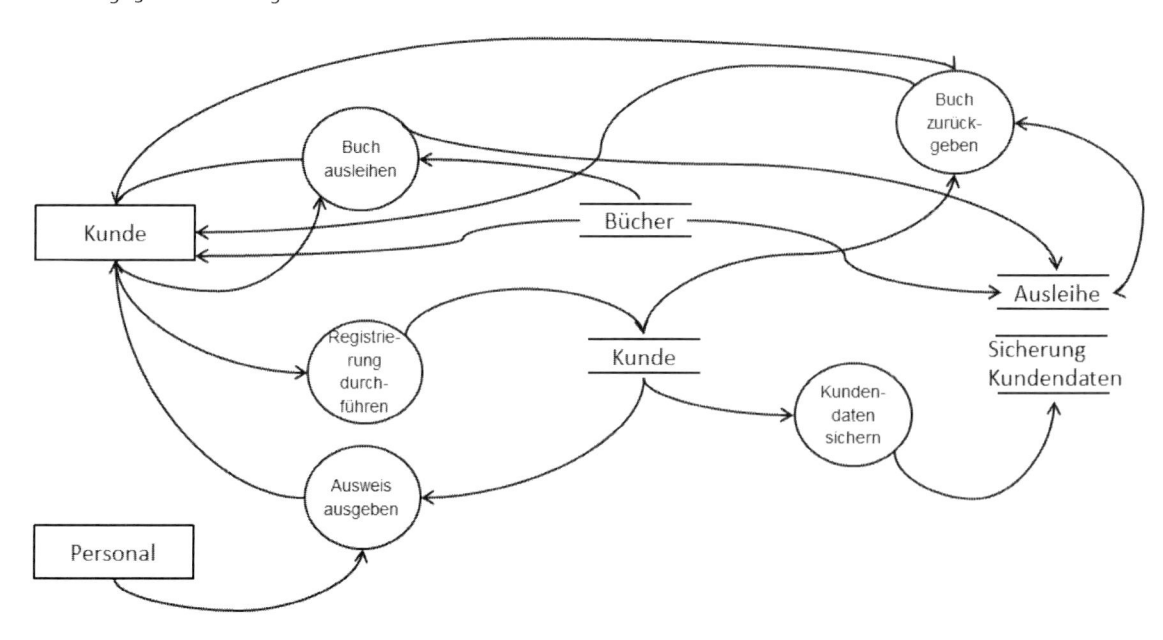

Funktionsperspektive

Aktivitätsdiagramme sind Diagramme zur Flussmodellierung. Sie stellen die Aktivitäten eines Systems dar, die Aktionen, aus denen die Aktivitäten sich zusammensetzen und den Fluss durch die Aktivitäten. Es kann ein Kontrollfluss und Datenfluss modelliert werden. Mit Aktivitätsdiagrammen können komplexe Abläufe in einem System modelliert werden (Geschäftsprozesse, Workflows). Da Aktivitäten aus Aktionen und deren zeitlicher Verknüpfung bestehen, können sie auch zur Modellierung der internen Logik komplexer Operationen verwendet werden und somit Algorithmen visualisieren. Aktivitätsdiagramme können in Verantwortungsbereiche gegliedert werden. Damit können die Aktionen bestimmten Modellelementen, wie Klassen oder Komponenten zugeordnet werden.

Abbildung 24: Aktivitätendiagramm KartenLaden

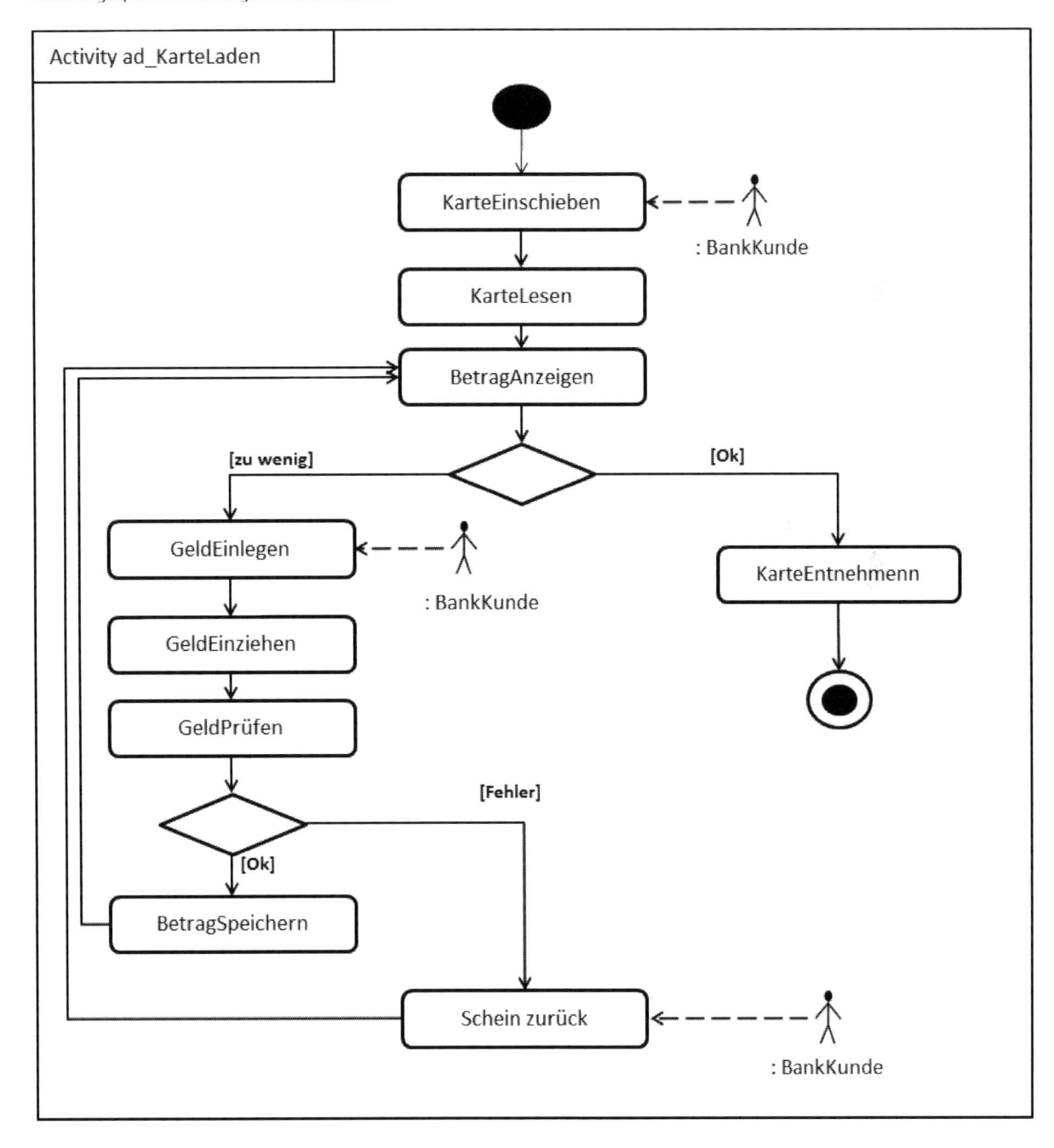

6.7 Verhaltensperspektive

6.7.1 Den Fokus der Verhaltensperspektive auf Anforderungen

Der Blick auf ein System aus der Verhaltensperspektive heraus betrachtet zeigt die Zustände bzw. Zustandswechsel, die ein System, dessen Komponenten und Objekte einnehmen können. Als Diagrammtyp zum Entwurf eines solchen zustandsbasierten Verhaltens eignet sich ein UMLZustandsautomat hervorragend. Ein Zustandsautomat kann ähnlich dem Aktivitätsdiagramm an einem Use Case anknüpfen, indem es die für einen Use Case relevanten Systemzustände abbildet. Er beschreibt dabei nicht die funktionale Sicht in Form von Abläufen und Aktionen, sondern vielmehr die Reaktionen des Systems auf bestimmte Ereignisse und Bedingungen.

6.7.2 UML-Zustandsdiagramme können und anwenden

Dem Zustand können drei Verhaltensspezifikationen, zum Beispiel in Form einer Aktivität oder einer Interaktion, zugeordnet werden:

- ein Verhalten, das ausgeführt wird, wenn der Zustandsautomat in den Zustand eintritt
  (engl. entry behaviour)
- ein Verhalten, das ausgeführt wird, wenn der Zustandsautomat den Zustand verlässt
  (engl. exit behaviour)
- ein Verhalten, das ausgeführt wird, während sich der Zustandsautomat im Zustand befindet
  (engl. doActivity)

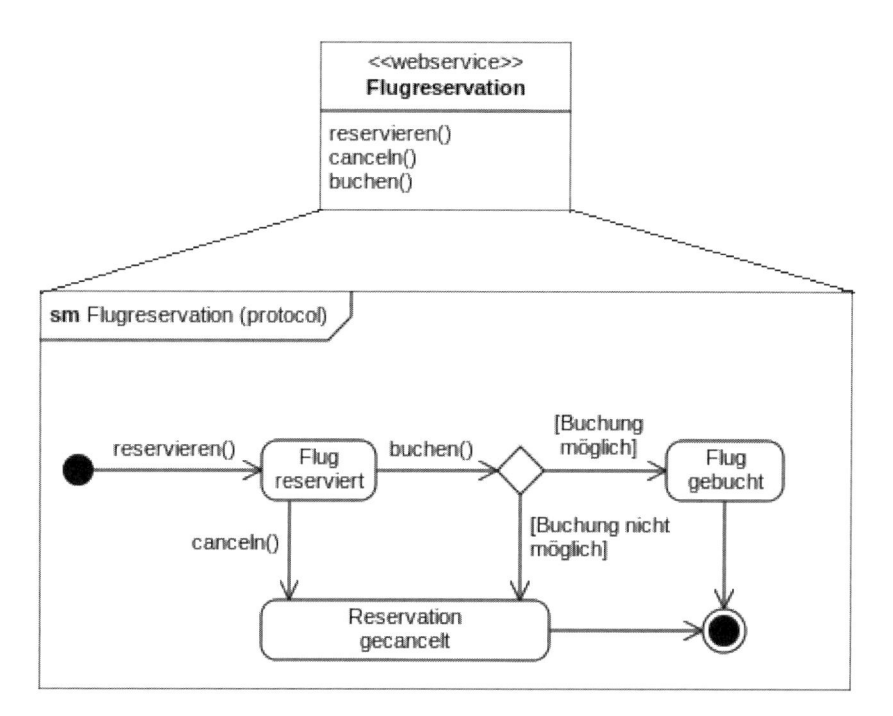

Abbildung 25: Flugreservation - Quelle Wikipedia

In der Abbildung oben ist zum Beispiel ein Web Service spezifiziert, über den Flüge reserviert werden können. Der zugeordnete Protokollzustandsautomat spezifiziert, in welcher Reihenfolge die Operationen des Web Service aufzurufen sind. Aus der Spezifikation geht zum Beispiel hervor, dass ein Flug nur gebucht werden kann, wenn er zuvor erfolgreich reserviert wurde oder dass ein einmal gebuchter Flug nicht mehr gestrichen werden kann.

6.8 Repetitionsfragen

1) Welche drei Perspektiven bieten sich dem RE am ehesten an, wenn er sich einen Überblick über die Anforderungen machen möchte. (1 Antwort)

3 Punkte

☐	A) Finanzielle Perspektive für die Schätzung der Kosten.
☐	B) Die Strukturperspektive, damit man die Daten und deren Beziehungen kennt.
☐	C) Die Funktionsperspektive damit man die Transformation der Daten kennt.
☐	D) Die Organisatorische Perspektive, damit man die Zuständigkeiten kennt
☐	E) Die Verhaltensperspektive, damit man die Zustände und Zustandsübergänge kennt.

2) Welche zwei Diagrammarten sind zur Modellierung von funktionalen Anforderungen am besten geeignet. (2 Antworten).

2 Punkte

☐	A) Aktivitätendiagramm
☐	B) Komponentendiagramm
☐	C) Use-Case Diagramm
☐	D) Klassendiagramm
☐	E) Kontextdiagramm

3) Was zeigt ein Use-Case-Diagramm nicht? (1 Antwort).

1 Punkt

☐	A) Die Prozessschritte einer Applikation
☐	B) Die Akteure einer Applikation
☐	C) Die Anwendungsfälle einer Applikation
☐	D) Die Grenze einer Applikation zu der Umgebung
☐	E) Die Funktionalität einer Applikation

4) Welche zwei wesentlichen Vorteile für das RE besitzen grafische Modelle? (2 Antworten).

2 Punkte

☐	A) Ein Modell als Abbild der Realität enthält verdichtete Informationen und ist damit schneller zu erfassen.
☐	B) Modelle erlauben eine vollständige Beschreibung des geplanten Systems.
☐	C) Modelle sind besser prüfbar als natürliche Sprache, da sie einer formalisierten Syntax und Semantik folgen.
☐	D) Modelle werden mit Werkzeugen erstellt, die ein Repository benutzen.

7. Anforderungen prüfen und abstimmen (K2)

Lernziele	7.1.1 Bedeutung der Überprüfung von Anforderungen kennen
	7.2.1 Bedeutung von Konflikten bzgl. Anforderungen kennen
	7.3.1 Die drei Qualitätsaspekte für Anforderungen kennen
	7.3.2 Die Prüfkriterien für die Qualitätsaspekte Inhalt, Dokumentation und Abgstimmtheit können und anwenden
	7.4.1 Die sechs Prinzipien der Prüfung von Anforderungen kennen
	7.4.2 Prinzipien der Prüfung von Anforderungen können und anwenden
	7.5.1 Techniken zur Prüfung von Anforderungen kennen
	7.5.2 Die Prüftechniken Stellungnahme, Inspektion, Walkthrough, Perspektivenbasiertes Lesen, Prüfung durch Prototypen und Einsatz von Checklisten können und anwenden
	7.6.1 Aufgaben in der Abstimmung von Anforderungen kennen
	7.6.2 Die Arten von Konflikten bezüglich Anforderungen kennen
	7.6.3 Die verschiedenen Konfliktlösungstechniken kennen
	7.6.4 Die Dokumentation der Konfliktauflösung kennen
Schlüsselbegriffe	Checklisten, Fehlerkosten, Konflikte, Perspektivenbasiertes Lesen, Prinzipien der Prüfung, Prototyp, Schreibtischtest, Stellungnahme, Inspektion, Qualitätsaspekte, Walkthrough

7.1 Grundlagen der Prüfung von Anforderungen (K1)

7.1.1 Bedeutung der Überprüfung von Anforderungen kennen

Die Qualitätsplanung des Softwareproduktes ist ein wesentlicher Bestandteil des RE-Prozesses, bei dem die Anforderungen des Auftraggebers an das zu entwickelnde Produkt aufgenommen, analysiert, spezifiziert und bewertet werden. Funktionale Anforderungen beschreiben dabei, „was" das System tun sollte. Hinzu kommen weitere, sog. Qualitätsanforderungen (teilw. auch als nicht funktionale Anforderungen bezeichnet).

> Das Ziel der Abstimmung von Anforderungen ist es, unter den relevanten Stakeholdern ein gemeinsames und übereinstimmendes Verständnis bezüglich den Anforderungen an das zu entwickelnde System zu finden.

Die Zielsetzung der Prüfung von Anforderungen besteht darin, Anforderungen zu überprüfen, ob sie festgelegten Qualitätskriterien (siehe Kapitle 4.6.) genügen, um Fehler in den Anforderungen möglichst frühzeitig im RE ergründen und zu korrigieren können. Da Anforderungsdokumente die Grundlage für die weiteren Entwicklungsaktivitäten sind, beeinträchtigen Fehler in den Anforderungen alle weiteren Entwicklungstätigkeiten. Werden falsche oder vergessene Anforderungen zu spät erkannt, dann sind die Kosten für die Implementierung ein Mehrfaches höher. Die Ursache dafür ist, dass nicht nur der eigentliche Fehler in den Anforderungen behoben werden muss, sondern alle darauf aufbauenden Teile:

- wie der Architekturentwurf
- die bestehende Implementierung
- die Testfälle
- evtl. Schulungsunterlagen, überarbeitet werden müssen.

Das wirtschaftliche Ziel des Qualitätsmanagements liegt im Finden eines Optimums aus den Fehlerkosten (Fehlerfolgekosten und Fehlerbehebungskosten) und den Fehlerrverhütungskosten (Prüfkosten und Kosten von präventiven Massnahmen).

Fehlerkosten sind Aufwände von Leistungen oder Gütern im Unternehmen, die durch Fehlleistungen und deren Auswirkungen entsteht. Fehlleistungen sind nicht geplant, wertmindernd, führen zu Nacharbeit oder sind wertvernichtend und führen zu Ausschuss oder im schlimmsten Fall zu einem Projektabbruch.

Interne und externe Fehlerkosten

Interne Fehlerkosten treten noch im eigenen Unternehmen auf, also ohne dass der Kunde davon Kenntnis erhält. Sie erhöhen den erforderlichen Preis oder schmälern den Gewinn. Aufgrund von internen Fehlerkosten kann es sein, dass der Preis des Produktes gegen aussen erhöht werden muss und somit das Produkt nicht mehr konkurrenzfähig ist.

Externe Fehlerkosten treten auf, wenn der Fehler bereits als Qualitätsmangel den Kunden erreicht hat. Sie reduzieren den erzielbaren Preis (Preisnachlass, Garantiekosten, Rückrufaktion) und schmälern den Gewinn. Oft reduzieren sie die Nachfrage oder führen zum Verlust von Kunden (Imageschaden) oder zu Schadensersatzansprüchen des Kunden.

Je später die Fehlerkosten erkannt werden, desto teurer sind diese und desto mehr ist damit zu rechnen, dass es zu einem Imageschaden kommt.

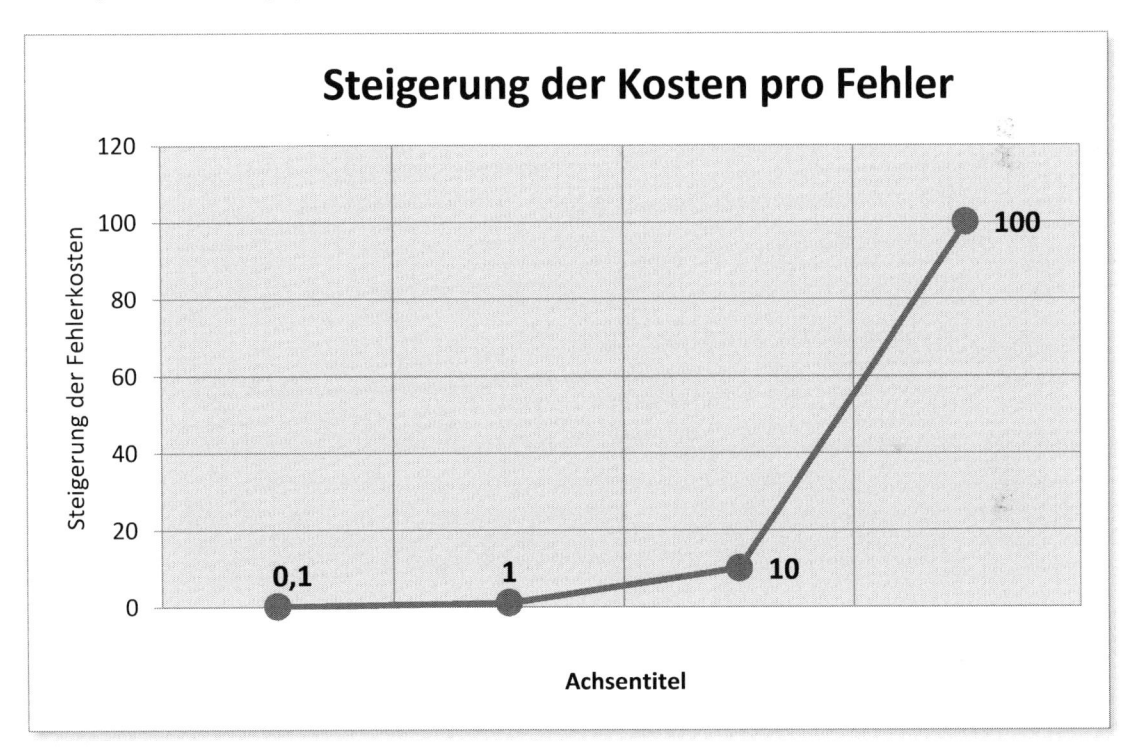

Abbildung 26: Fehlerkosten - je später desto teurer

7.2 Grundlagen der Abstimmung von Anforderungen (K1)

7.2.1 Bedeutung von Konflikten bzgl. Anforderungen kennen

Unaufgelöste Konflikte in den Anforderungen eines Systems führen z.B. dazu, dass Anforderungen einer Gruppe von Stakeholdern nicht umgesetzt werden können bzw. dass das System im späteren Betrieb nicht oder nur unzureichend akzeptiert und genutzt wird. Das Ziel der Abstimmung von Anforderungen ist es, unter den relevanten Stakeholdern ein gemeinsames und übereinstimmendes Verständnis hinsichtlich der Anforderungen an das zu entwickelnde System zu erarbeiten.dern ein gemeinsames und übereinstimmendes Verständnis hinsichtlich der Anforderungen an das zu entwickelnde System zu erarbeiten.

Eine regelmässige und passgenaue Kommunikation mit den verschiedenen Stakeholdern bzw. Stakeholdergruppen gehört mit zu den wichtigsten Aufgaben eines Projektleiters. Auf was ist also zu achten:

- Stakeholder frühzeitig einbeziehen, betroffene zu Beteiligte machten
- Konflikte – ausdiskutieren - nur gelöste Konflikte verhindern später Wiederstände

7.3 Qualitätsaspekte für Anforderungen (K2)

7.3.1 Drei Qualitätsaspekte für Anforderungen

Es werden drei Qualitätsaspekte für Anforderungen unterschieden:
- **Inhalt** (siehe Kapitel 7.3.2 - Prüfkriterien für den Qualitätsaspekt Inhalt)
- **Dokumentation** (siehe Kapitel 7.3.2 - Prüfkriterien für den Qualitätsaspekt Dokumentation)
- **Abgestimmtheit** (Prüfkriterien für den Qualitätsaspekt Abgestimmtheit)

Wobei die Qualität einer Anforderung oder einer Menge von Anforderungen hinsichtlich der einzelnen Qualitätsaspekte jeweils durch eine Reihe von Prüfkriterien beurteilt werden kann.

7.3.2 Die Prüfkriterien für die Qualitätsaspekte Inhalt, Dokumentation und Abgestimmtheit können und anwenden

Die acht Prüfkriterien für den Qualitätsaspekt Inhalt sind:
- Vollständigkeit des Anforderungsdokuments
- Vollständigkeit der einzelnen Anforderungen
- Verfolgbarkeit
- Korrektheit/Adäquatheit
- Konsistenz
- Keine vorzeitigen Entwurfsentscheidungen
- Überprüfbarkeit
- Notwendigkeit

Nr. 1: Vollständigkeit des Anforderungsdokuments
Das heisst es müssen alle relevanten Informationen vorhanden sein. Für jede Funktionalität die gewünschte Eingaben und Ausgaben, alle Ereignisse und Reaktionen des Systems. Darin auch eingeschlossen die Fehler- und Ausnahmefälle. Die Reaktionszeiten, die Verfügbarkeit des Systems und die Bedienbarkeit.

Nr. 2: Vollständigkeit der einzelnen Anforderungen
- **Eindeutigkeit**: Hat jede Anforderung genau eine klar verstandene Bedeutung? Wird diese auch wirklich verstanden? Sowohl vom SW-Hersteller als auch vom Kunden?
- **Einschätzbarkeit:** Kann für die Projektplanung geschätzt werden, wieviel Mittel für jede Anforderung nötig sein werden?
- **Konsistenz:** Ist sie frei von inneren Widersprüchen?
- **Nachprüfbarkeit**: Kann später im Softwaresystem für jede Anforderung unstrittig entschieden werden, ob sie erfüllt ist?
- **Rückverfolgbarkeit**: Kann man für jede Anforderung nachvollziehen, warum sie gestellt wurde?
- **Modifizierbarkeit**: Können einzelne Anforderungen leicht geändert werden, ohne die Beschreibung anderer Anforderungen mitändern zu müssen?
- **Realisierbarkeit**: Können die Anforderungen mit den vermutlich verfügbaren Mitteln implementiert werden?
- **Vollständigkeit**: Ist die Anforderungsliste komplett? Oder sind zumindest alle Lücken bekannt?

Nr. 3: Verfolgbarkeit
Rückverfolgbarkeit (auch Nachvollziehbarkeit oder Traceability) bezeichnet bei Produktentwicklungen die Verfolgbarkeit von Anforderungen über den gesamten Entwicklungsprozess.
- Rückwärts: Wo kommt welche Anforderung her?
- Vorwärts: Wo ist welche Anforderung entworfen bzw. implementiert?
- Wie hängen Anforderungen voneinander ab?
- Rückverfolgungsbeziehungen pflegen, sonst sind sie nutzlos
- Benötigt Werkzeugunterstützung

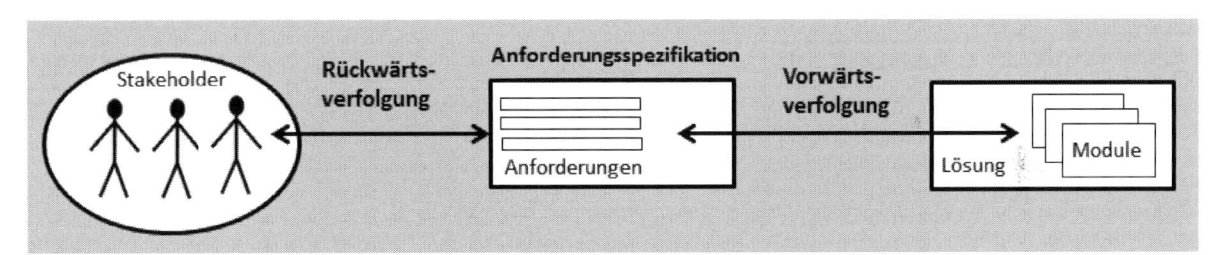

Die Verfolgbarkeit von Anforderungen werden auch im Kapitel 8.4 näher beschrieben.

Nr. 4: Korrektheit/Adäquatheit
Eine Anforderung ist genau dann korrekt, wenn sie eine Eigenschaft beschreibt, welche das zu entwickelnde Anwendungssystem erfüllen soll. Korrektheit. Adäquatheit bedeutet, dass die Anforderungen in Übereinstimmung mit den Stakeholdern ist.

Nr. 5: Konsistenz
Die definierten Anforderungen sind untereinander widerspruchsfrei. Es kann sein, dass in einer Anforderung steht, dass nur eine Person die Adressen ändern kann und in einer anderen Anforderung, dass mehrere gleichzeitig die Adressdaten ändern können. Es kann auch nicht sein, dass man sagt, dass eine Schnittstelle zu einem System gebaut wird, aber in einer anderen Anforderung, dass das entsprechende System abgelöst wird.

Nr. 6 Keine vorzeitigen Entwurfsentscheidungen
Es ist nicht sinnvoll bereits in den Anforderungen sich für eine bestimmte Technologie zu entscheiden oder auch für einen bestimmten Lieferanten. Hier würde man sich die Wege verbauen und etwas vorspuren.

Nr. 7: Überprüfbarkeit
Anforderungen müssen so beschrieben werden, dass sie später durch Prüfkriterien überprüft werden können. Zum Beispiel in Review, Test oder anderen Verfahren.

Nr. 8: Notwendigkeit

Anforderungen müssen dem Ziel des Projektes oder Vorhaben entsprechen. Dazu wird jede Anforderung mit dem Ziel verglichen. Es bringt nichts, wenn viele Anforderungen vorhanden sind, welche nicht dem Ziel entsprechen. Dies würde nur das Vorhaben oder Projekt verzögern oder verteuern.

Die vier Prüfkriterien für den Qualitätsaspekt Dokumentation sind:
- Konformität zum Dokumentationsformat und zur Dokumentenstruktur
- Verständlichkeit
- Eindeutigkeit
- Konformität mit Dokumentationsregeln

Nr. 1 Konformität zum Dokumentationsformat und zur Dokumentenstruktur

Würde in einer Firma jede Person die Anforderungen in einer anderen Art und in verschiedenen Programmen dokumentieren, dann wäre eine Nachprüfbarkeit schwierig. Es soll auch darauf geachtet werden, dass Modelle in einer einheitlichen Notation gemacht werden und die Syntax eingehalten wird. Es sollte auch jedes Dokument ein Glossar haben, damit man unter jedem Fachbegriff das gleiche versteht.

Nr. 2 Verständlichkeit

In Untersuchungen zeigte sich, dass Versuchspersonen Texte am besten verstanden, die hohe Werte in „Einfachheit" und „Gliederung" aufwiesen.
- Versuchen Sie, etwas so einfach wie möglich zu beschreiben.
- Greifen Sie zu kurzen, einfachen Sätzen ohne lange Haupt- und Nebensatz-Gebilde.
- Erklären Sie Ausdrücke oder Fachbegriffe, die Ihre Leser vielleicht nicht verstehen.
- Schildern Sie etwas anschaulich und konkret.

Nr. 3 Eindeutigkeit

Eindeutigkeit ist eine Zuordnung, bei der ein Zeichen (zum Beispiel ein Wort, ein Satz) genau eine Bedeutung hat. Es gibt verschiedene Möglichkeiten, Eindeutigkeit zu schaffen.
- In Fachsprachen werden die Wörter bzw. Zeichen möglichst exakt definiert.
- In der Umgangssprache werden Zusatzinformationen verwendet.
- In Dokumentationen verwendet man ein Glossar

Von Mehrdeutigkeit spricht man, wenn ein Wort oder Zeichen mehrere Bedeutungen hat.

Die drei Prüfkriterien für den Qualitätsaspekt Abgestimmtheit sind:
- Abstimmung
- Abstimmung nach Änderung
- Konflikte aufgelöst

Nr. 1 Abstimmung

Wurden mit allen betroffenen Stakeholdern die Anforderungen abgestimmt. Fühlt sich niemand übergangen oder nicht berücksichtigt. Ein nicht berücksichtiger Stakeholder kann später zu erheblichen Widerständen führen.

Nr. 2 Abstimmung nach Änderung

Anforderungen sind nach der ersten Fertigstellung nicht abgeschlossen. Sie könnten durch Markt- oder auch regulatorische Entwicklungen verändert werden. Geänderte Anforderungen müssen nochmals durch den Stakeholder abgenommen werden.

7.4 Prinzipien der Prüfung von Anforderungen (K2)

7.4.1 Die sechs Prinzipien der Prüfung von Anforderungen kennen

Die Beachtung der folgenden sechs Prinzipien der Überprüfung von Anforderungen steigert im Wesentlichen die Qualität der Ergebnisse:

1. Beteiligung der richtigen Stakeholder
2. Trennung von Fehlersuche und Fehlerkorrektur
3. Prüfung aus unterschiedlichen Sichten
4. Geeigneter Wechsel der Dokumentationsform
5. Konstruktion von Entwicklungsartefakten die auf Anforderungen beruhen
6. Wiederholte Prüfung

7.4.2 Prinzipien der Prüfung von Anforderungen können und anwenden

Die Prüfung von Anforderungen basiert auf verschiedenen Prinzipien. Diese Prinzipien gewährleisten, dass im Zuge der Prüfung möglichst viele Fehler in den Anforderungen identifiziert werden können. Die sechs Prinzipien in der Prüfung von Anforderungen sind:

- **Beteiligung der richtigen Stakeholder**
  Es bringt nur Sinn Stakeholder zu beteiligen, welche eine Verantwortung haben oder ein starkes Interesse an der Anforderung. Wichtig ist auch, dass der Produkt-, Prozess oder der Geschäftsfallverantwortliche, die Rechtsabteilung und allenfalls die Revision berücksichtigt werden. Was nicht sein kann ist, dass der Ersteller die Anforderung prüft und freigibt. Neben internen Prüfern aus der eigenen Organisation können auch Prüfer aus externen Organisation beauftragt werden.

- **Trennung von Fehlersuche und Fehlerkorrektur**
  In diesem Prinzip wird vorgeschlagen, dass sich die Prüfung nur auf die Dokumentation von Mängeln beziehen soll. Nach der Dokumentation werden die Fehler bzw. Mängel bewertet und zusammengefasst. Erst im Anschluss an die Konsolidierung beginnt die Phase der Fehlerkorrektur. Die Trennung von Fehlersuche und Fehlerkorrektur erlaubt die Konzentration auf die Fehleridentifikation.

- **Prüfung aus unterschiedlichen Sichten**
  Prüfungen von unterschiedlichen Personen aus unterschiedliche Fachbereichen und Themengebieten können verschiedenartige Ergebnisse bringen.
    - Benutzersicht (insbesondere Bedienung)
    - Produktsicht (Funktionalität)
    - Prozesssicht (methodische Unterstützung)
    - Anbietersicht (z.B. Service des Anbieters)
    - Technische Sicht (z.B. Interoperabilität, Skalierbarkeit)
    - Betriebswirtschaftliche Sicht (Kosten)
    - Architektur (Einbindung, Standardisierung)

- **Geeigneter Wechsel der Dokumentationsform**
  Mit dem Wechsel der Dokumentationsform können die Stärke dieser Dokumentationsform genutzt werden und die Schwächen der bisherigen Form ausgeglichen werden. Es sind zum Beispiel möglich ein Prosatext in eine modellbasierte Darstellung zu überführen.

- **Konstruktion von Entwicklungsartefakten die auf Anforderungen beruhen**
  Ein Entwicklungsartefakten kann ein Prototyp sein, ein Testfall oder etwas in Zusammenhang mit der Ergebnis der Anforderung. Danach kann man sich intensiv mit den Anforderungen und dem Artefakt auseinandersetzen und diese prüfen.

- **Wiederholte Prüfung**
  Anforderungen haben einen Lebenszyklus. Die Anforderungen können ändern, ergänzen sich, neue Anforderungen kommen hinzu und andere fallen weg. Der Überprüfungsstand wurde zu einem bestimmten Zeitpunkt gemacht. Es ist keine Garantie, dass die Anforderungen nach vielen Änderungen zu einem späteren Zeitpunkt noch als Gültig empfunden werden. Die Anforderungen sollten zu einem späteren Zeitpunkt nochmals überprüft werden wenn:
    - sich der Inhalt des Anforderungsdokumentes wesentlich geändert hat
    - wenn sie an den Zielen des Vorhaben Änderungen verursachen
    - neue Anforderungen die Kosten oder Termine überschreiten
    - wenn man davon ausgehen muss, dass die Stakeholder nicht mehr einverstanden sind

7.5 Techniken zur Prüfung von Anforderungen (K2)

7.5.1 Techniken zur Prüfung von Anforderungen kennen

Für die systematische Prüfung von Anforderungen existieren verschiedene Techniken, die teilweise auch ergänzend zueinander eingesetzt werden, um Anforderungen möglichst umfassend hinsichtlich festgelegter Prüfkriterien zu überprüfen. Techniken zur Prüfung von Anforderungen sind:

- Stellungnahme
- Inspektion
- Walkthrough

7.5.2 Die Prüftechniken Stellungnahme, Inspektion, Walkthrough, Perspektivenbasiertes Lesen, Prüfung durch Prototypen und Einsatz von Checklisten können und anwenden

Stellungnahme
Ist eine Äusserung einer Meinung zu einem Sachverhalt, Vorfall oder Problem. Stellungsnahmen werden heute oft verwendet, damit man Meinungen von Organisationen oder Betroffenen einholen kann. Bei der Prüftechnik übergibt der Autor oder der Projektleiter seine Anforderungen an weitere Personen mit dem Ziel eine Expertise bezüglich Qualität der Anforderungen. Dies wird vielfach auf dem Mail-Weg gemacht und zusätzlich kann dem „Prüfling" eine Befundliste beigelegt. Die Personen kommen meist nicht zusammen, sondern es findet vielfach in einem unverbindlichen Rahmen statt. Ist somit eine eher schwache Prüfungsart, kann aber breit gestreut werde.

Merkmale:
- Eher unverbindlichen Charakter ist analog eines informellen Reviews
- Eine strukturierte Protokollierung/Dokumentierung ist nicht möglich, da es keine Formvorschriften gibt
- Es ist eine einfache Art eines Reviews, bei dem meistens „Gegenlesen unter Kollegen" durchgeführt wird

Inspektion
Inspektionen beinhalten einen stärker formalisierten Prozess, in dem Prüfer individuell und systematisch ein Dokument untersuchen und ihre Ergebnisse festhalten." Inspektionen wurden 1976 von Michael Fagan bei IBM eingeführt und haben sich seitdem zu einer der wichtigsten Review-Techniken entwickelt. Diese besondere Bedeutung kann man auch daran ablesen, dass in der Literatur die Begriffe Review und Inspektion häufig synonym verwendet werden.

Der Inspektions-Prozess ist sehr stark formalisiert. Ein weiterer entscheidender Unterschied zum Walkthrough ist, dass sich die Prüfer zunächst getrennt vorbereiten und dann mit einer ausführlichen Fehlerliste zum Meeting erscheinen.

In der Umgangssprache werden Inspektionen auch Review genannt. Daher werden wir hier die Beiden Begriffe Synonym verwenden.

Reviews/ Inspektionen sind dann am erfolgreichsten, wenn die Reviewer gründlich vorbereitet zur Sitzung kommen. Ca. 80% der Fehler, die durch Reviews entdeckt werden können, finden die Reviewer schon in der Vorbereitungsphase!

In der eigentlichen Reviewsitzung sollen also (nur) noch die restlichen 20% Fehler gefunden werden. Dies zeigt, dass die gründliche Vorbereitungsphase ein kritischer Erfolgsfaktor ist. Es gibt Erfahrungswerte, wie viel Zeit sich ein Reviewer für die Vorbereitung nehmen muss, um die oben erwähnten 80% der Fehler finden zu können.

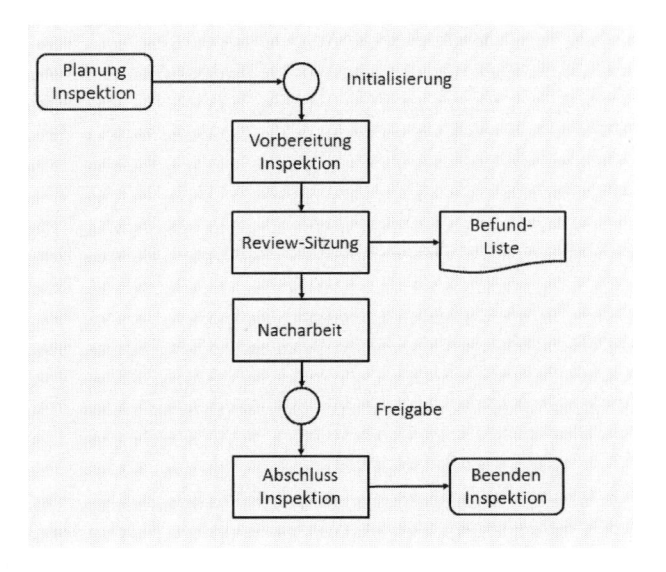

Rollen im Inspektionsprozess
Den einzelnen Phasen des Inspektionsprozesses sind verschiedene Rollen zugeordnet, die in der jeweiligen Phase eine bestimmte Aufgabe übernehmen.

Rollen: Organisator, Inspektor, Autor, Moderator und Schriftführer:
Welche Rollen in einem bestimmten Umfeld benötigt werden, kommt auf das Ziel der Inspektion an. Es gibt in diesem Zusammenhang auch keine allgemeinen Richtlinien, wie viele Personen an einer Inspektion teilnehmen sollten. Untersuchungen zeigen sehr unterschiedliche Ergebnisse, allerdings wiesen in einigen Studien Teams zwischen 4 – 7 Personen die besten Ergebnisse bzgl. Effizienz und Effektivität auf. Trotzdem sollte die Teamgrösse immer auf die jeweilige Umgebung abgestimmt werden. Generell kann man sagen, dass gerade so viele Personen eingesetzt werden sollten wie nötig, um die gesetzten Ziele der Inspektion zu erreichen. Es ist möglich, dass eine Person mehrere Rollen übernimmt. Allerdings ist dabei eine wichtige Restriktion zu beachten: Der Autor sollte auf keinen Fall die Rolle des Moderators, Organisators oder Schriftführers einnehmen.

Organisator:
Der Organisator ist hauptsächlich für die Planungsphase verantwortlich. Der Organisator ist daher für die Gesamtplanung des Inspektionsprozesses zuständig. Dazu gehören Aufgaben wie z.B. die Planung der einzelnen Inspektionsaktivitäten, Reservierung von Räumen, Bereitstellung von Materialien (z.B. Checklisten, Szenarien zum Perspektiven-basierten Lesen, etc.) und Entgegennahme des zu inspizierenden Softwaredokuments. Aber auch konstruktive Aufgaben, wie z.B. zu entscheiden, ob das Produkt die Eintrittskriterien erfüllt (z.B. Rechtschreibprüfung wurde durchgeführt) und zu entscheiden, wer zur Inspektion eingeladen wird und welche Rollen diese Personen einnehmen.

Inspektor/Inspektoren:
Die Inspektoren sind verantwortlich für die Fehlersuche und werden somit in dieser Phase aktiv. Dazu analysieren und lesen die Inspektoren das Softwaredokument mit dem Ziel Fehler und Unklarheiten zu finden. Um diese Aktivität zu unterstützen, setzt er oder sie spezielle Lesetechniken ein. Während der Fehlersuche dokumentiert der Inspektor alle Probleme (d.h., potentielle Fehler, Fragen und Verbesserungsvorschläge, in einem Problemdokument oder einer Befundliste.

Autor:
Der Autor hat das zu inspizierende Softwaredokument erstellt. Er beantwortet während der Fehlersuche und insbesondere während des Meetings Fragen der Inspektoren zu dem inspizierten Produkt. Nach dem Meeting ist der Autor für die Korrektur der gefundenen Fehler verantwortlich. Der Autor darf nicht die Rolle des Moderators bzw. des Schriftführers übernehmen.

Moderator:
Der Moderator leitet das Meeting zur Fehlerkonsolidierung. Er hat in diesem Meeting eine zentrale Rolle. Er oder sie muss sicherstellen, dass im Meeting der Fokus auf dem Zusammentragen der Fehler der einzelnen Inspektoren liegt und entschieden wird, ob es sich bei einem Problem tatsächlich um einen Fehler handelt. Der Fokus darf nicht auf der Suche nach neuen Fehlern oder der Diskussion von Lösungsmöglichkeiten liegen. Der Moderator stellt auch sicher, dass das Meeting nicht zu lange dauert und keine persönliche Bewertung des Autors erfolgt. Die Person, der diese Rolle innehat, sollte speziell dafür geschult sein.

Schriftführer/Protokollführer:
Der Schriftführer übernimmt die Dokumentation der Inspektionsergebnisse. Während des Meetings zur Fehlerkonsolidierung notiert er oder sie die Probleme, die der Autor in der Korrekturphase bearbeiten muss.

Walkthrough
Ein Walkthrough ist ein Review, bei dem der Autor oder die Autorin die Funktionsweise des Prüflings Schritt für Schritt beschreibt, während die Gutachter aufmerksam zuhören und überall einhaken, wo sie Mängel entdecken. Der Walkthrough ist also eine weniger formale Methode, bei der die Prüfer weitestgehend unvorbereitet zum Meeting erscheinen. Hier präsentiert der Autor sein Werk der Gruppe. Die Prüfer stellen dabei Fragen und diskutieren den Prüfling (das zu prüfende Werk). Für gewöhnlich wird ein Walkthrough vom Autor einberufen und organisiert.

- **Dokumenten-Walkthrough** ist ein Review, bei dem ein Dokument überprüft wird nach verschiedenen Gesichtspunkten. Er dient zur systematischen Kontrolle von Systemanforderungen und soll Qualitätsmängel aufdecken. Nebst der inhaltlichen Prüfung ist auch die Abstimmung zwischen den Anspruchsgruppen ein wichtiger Schritt zur Förderung der Akzeptanz eines neuen Systems.

- **Code-Walkthrough** bezeichnet das Durchdenken eines Problems in Bezug auf Computerprogramme in der Entwicklung. Er wird häufig in der Softwareindustrie gebraucht und beschreibt das Verifizieren von Algorithmen und Quellcodes. Bei diesem Verifizieren folgt man Pfaden durch den Algorithmus bzw. Quellcode, die durch die Vorbedingungen und die möglichen, vom Nutzer getroffenen Entscheidungen festgelegt sind. Der Zweck eines Walkthroughs ist es, festzustellen, ob der Algorithmus bzw. Quellcode den gestellten Anforderungen genügt.

Vorbereitung Walkthrough für ein Anforderungsdokument
Bevor ein Walkthrough durchgeführt werden kann, müssen einige Vorbereitungen gemacht werden. Es empfiehlt sich vorab einen Zeitplan mit den Themen des Dokumentes zu erstellen, da vielfach nicht alle Teilnehmer zu allen Themen anwesend sein werden.

Weiter müssen vorgängig die folgenden Rollen definiert werden:
Reviewer: Projektmitglieder und Anspruchsgruppen (Stakeholder) aus den jeweiligen Fachbereichen, die die Anforderungen im Pflichtenheft auf Qualitätsmängel hin untersuchen.

Autor:	Der Autor stellt den Reviewern die zu untersuchenden Anforderungen schrittweise vor.
Moderator:	Der Moderator leitet die Diskussionen und versucht, Entscheidungen herbeizuführen. Er ist verantwortlich für die Einhaltung des Zeitplans.
Protokollant:	Er dokumentiert die identifizierten Qualitätsmängel in dem Protokoll.

Prüfaspekte
- Es wurden alle relevanten Anforderungen im erforderlichen Detaillierungsgrad dokumentiert
- Die Anforderungen richten sind an die Bedürfnisse der Fachabteilungen und Anspruchsgruppen
- Die Anforderungen sind überprüfbar und notwendig
- Die Anforderungen stehen in keinem Widerspruch zueinander
- Die Anforderungen sind in dem gegebenen Kontext verständlich

Weitere Prüfungstechniken für Anforderungen
Dabei kommen folgende weitere Techniken zum Einsatz:
- Perspektivenbasiertes Lesen
- Einsatz von Checklisten
- Schreibtischtest (Programm-Autor spielt den Code anhand von einfachen Testfällen gedanklich durch.)
Peer Rating
- Prüfung durch Prototypen

Perspektivenbasiertes Lesen
Ist geeignet für Anforderungsdokumente, Architekturen, Prozessabläufe und für andere Dokumente in einer frühen Phase eines Projektes. Es gibt mehrere Gutachter, welche das Dokument aus einer anderen Perspektive prüfen:
- Endbenutzer (evtl. verschiedene Benutzergruppen)
- Entwerfer, Implementierer
- Tester

Zu jeder Perspektive gehören andere Fragen und Schwerpunkte und andere Arten von möglichen Mängeln. Jeder Gutachter bekommt eine Beschreibung, die seine Perspektive erklärt.

Prinzipiell ergeben sich in der perspektivenbasierten Lesetechnik bei der Vorgehensweise drei Schritte:
1. Erklären der jeweiligen Interessen an dem Reviewobjekt (jeweils aus Kunden-, Designer-, oder Testersicht)
2. Spezielle Anweisungen für die Inspektoren, die sie bei der Fehlersuche berücksichtigen muss
3. Eine Liste von Fragen, die während der Fehlersuche beantwortet werden muss

Einsatz von Checklisten
Eine Checkliste ist ein Fragenkatalog oder eine Prüfliste mit einer Sammlung von Fragen zu einem bestimmten Thema mit dem Ziel, durch die Befragung von Personen/Abarbeitung der Liste den Istzustand einer Situation zu ermitteln. Checklisten regen zum Nachdenken an, sind Gedächtnisstützen.
- Checklisten stellen sicher, dass das zwingend Notwendige getan wird
- Checklisten machen Speicherplatz in Ihrem Gehirn frei
- Checklisten erziehen zur Disziplin
- Checklisten sparen Zeit und Energie

Schreibtischtest
Der Schreibtischtest ist ein Verfahren, das im Bereich der Softwareentwicklung verwendet wird, um Algorithmen oder Routinen auf Richtigkeit zu prüfen. Der Schreibtischtest wird nicht mit Hilfe eines Rechners durchgeführt, sondern spielt sich viel mehr im Kopf des Entwicklers ab.

Der Text des Quellprogramms (Programm) wird von dem Programmierer oder von jemandem, der zumindest die Spezifikation und die Anforderungen an das Programm kennt, sehr gründlich gelesen und überprüft. Dies kann auch in einem Team gemacht werden.

Prüfung durch Prototypen

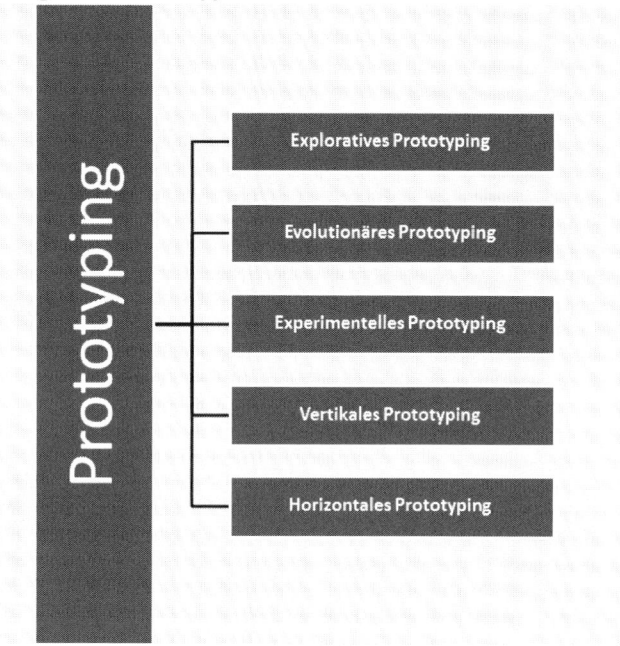

Prototyping
- Exploratives Prototyping
- Evolutionäres Prototyping
- Experimentelles Prototyping
- Vertikales Prototyping
- Horizontales Prototyping

Prototypen in der Industrie
Ein Prototyp stellt in der Technik ein für die jeweiligen Zwecke funktionsfähiges, oft aber auch vereinfachtes Versuchsmodell eines geplanten Produktes oder Bauteils dar. Es kann dabei nur rein äußerlich oder auch technisch dem Endprodukt entsprechen. Ein Prototyp dient oft als Vorbereitung einer Serienproduktion, kann aber auch als Einzelstück geplant sein.. Mit dem Prototyp wird einerseits die Tauglichkeit, andererseits die Akzeptanz geprüft.

Prototyp in der Softwareentwicklung
Prototyping bzw. Prototypenbau ist eine Methode der Softwareentwicklung, die schnell zu ersten Ergebnissen führt und frühzeitiges Feedback bezüglich der Eignung eines Lösungsansatzes aufzeigt. Dadurch ist es möglich, Probleme und Änderungswünsche frühzeitig zu erkennen und mit weniger Aufwand zu beheben, als es nach der kompletten Fertigstellung der Software möglich gewesen wäre.

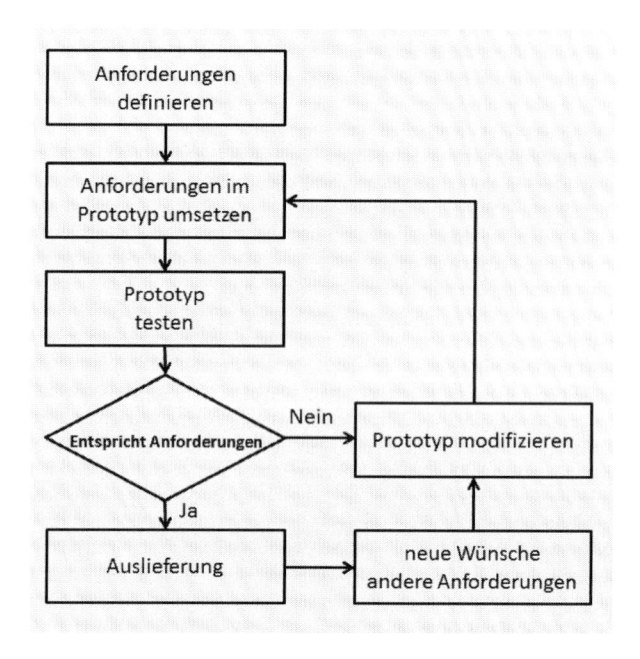

Evolutionäres Prototyping
Ziel: Anhand der Grundfunktionalitäten die Akzeptanz beim Nutzer und die Notwendigkeit ergänzender Funktionen zu überprüfen. Wichtigstes Ergebnis: Ein Programm mit den Grundfunktionalitäten. Beim evolutionären Prototyping wird die Anwendung nach und nach erweitert. Dabei werden vor allem die Rückmeldungen der zukünftigen Nutzer bzw. des Auftraggebers verwendet. Der Prototyp wird dabei stets lauffähig gehalten und bis zur Produktreife weiterentwickelt.

Exploratives Prototyping
Ziel ist es nachzuweisen, dass Spezifikationen oder Ideen tauglich sind. Wichtigstes Ergebnis: Eine übersichtliche und belastbare Anforderungsspezifikation. Das explorative Prototyping wird zur Bestimmung der Anforderungen und zur Beurteilung bestimmter Problemlösungen verwendet und konzentriert sich dabei auf die Funktionalitäten des Systems. Danach wird es wieder weggeworfen und nicht weiterentwickelt. Es kann durchaus sein, dass es mehrere Prototypen gibt.

Experimentelles Prototyping
Sammeln von Erfahrungen mit dem Prototyp. Wichtigstes Ergebnis: Ein erster experimenteller Prototyp.
Bei diesem Vorgehen wird zu Forschungszwecken bzw. zur Suche nach Möglichkeiten zur Realisierung ein experimenteller Prototyp entwickelt. An diesem wird später eine sehr umfangreiche Analyse und Spezifikation durchgeführt. Die gewonnenen Erkenntnisse können anschliessend für die Entwicklung eines definitiven Produktes verwendet werden; der Prototyp wird verworfen.

Vertikales Prototyping
Die Entwicklung eines funktionalen Ausschnitts einer Anwendung: Ein ausgewählter Teil des Systems ist durch alle Ebenen hindurch implementiert. Hierbei wird ein ausgewählter Teil umgesetzt. Dies eignet sich besonders für Fälle, in denen noch Funktionalitäts- oder Implementierungsfragen ungeklärt sind. Abgeschlossene Teile können dann bereits umgesetzt werden, bevor die Anforderungen für den Rest komplett festgelegt wurden.

Horizontales Prototyping
Eine funktionierende Ebene, die vorgestellt werden kann, oder an der sich andere Ebenen orientieren können. Eine ausgewählte Ebene des Gesamtsystems ist fertiggestellt. In diesem Fall wird nur eine spezifische Ebene des Gesamtsystems realisiert, welche jedoch möglichst vollständig abgebildet wird (z. B. Realisierung der Grafischen Benutzeroberfläche ohne tiefer liegende Funktionalitäten). Diese Methode hat den Vorteil, dass man dem Auftraggeber schon etwas zeigen kann, ohne das komplette System entwickelt zu haben. Die Oberfläche muss dementsprechend unabhängig von der dahinter liegenden Logik funktionieren.

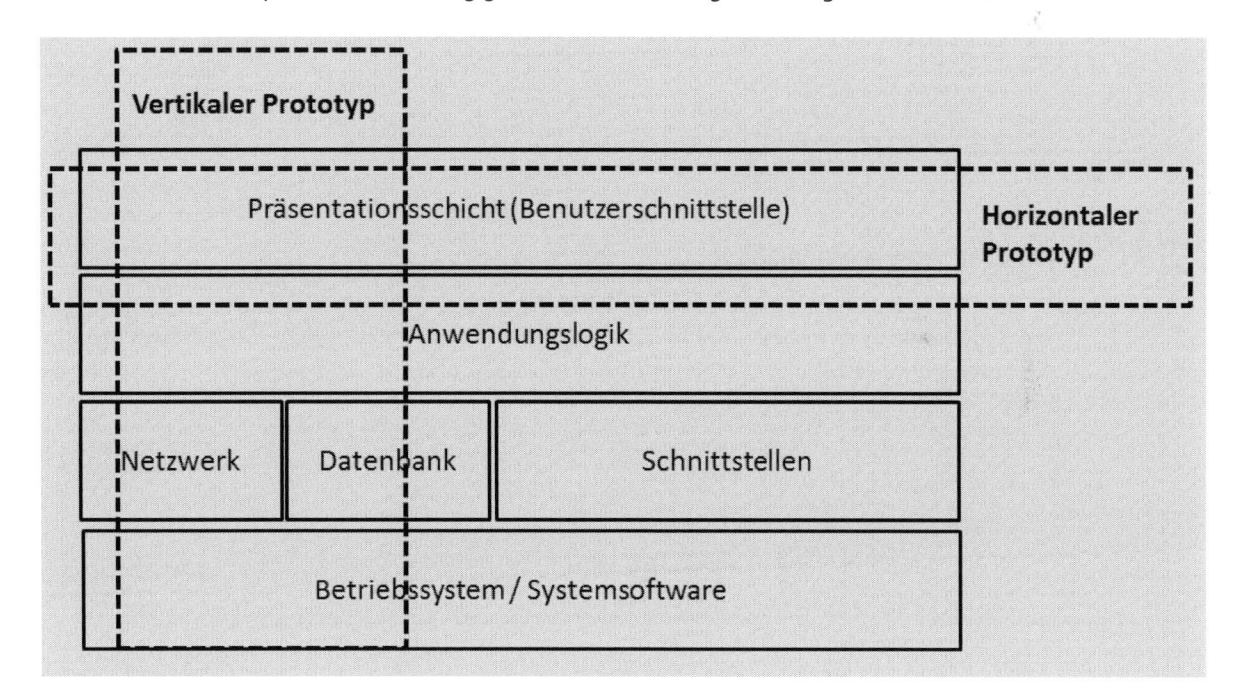

Vorteile Prototyping
- Die Anforderungen der Anwender können laufend präzisiert und verifiziert werden. Damit sinkt das Risiko einer Fehlentwicklung.
- Unbeabsichtigte Wechselwirkungen zwischen einzelnen Komponenten des Produkts können früher erkannt werden.
- Die Qualitätssicherung kann frühzeitig eingebunden werden.

Nachteile Prototyping
- Prototyping verführt oft dazu, Anforderungen weder korrekt zu erheben noch sauber zu dokumentieren. Der Entwicklungsprozess kann sich dadurch erheblich verlangsamen.
- Es entstehen während der Entwicklung zusätzliche Kosten, weil der Prototyp nur als Basis für die folgende eigentliche Entwicklung des Produktes dient. Diese Kosten und Zeitaufwand können durch weniger Nacharbeit am Endprodukt wieder ausgeglichen werden.
- Es werden immer neue Anforderungen eingebaut und verlangt, dies verzögert das Vorhaben.

7.6 Abstimmung von Anforderungen (K1)

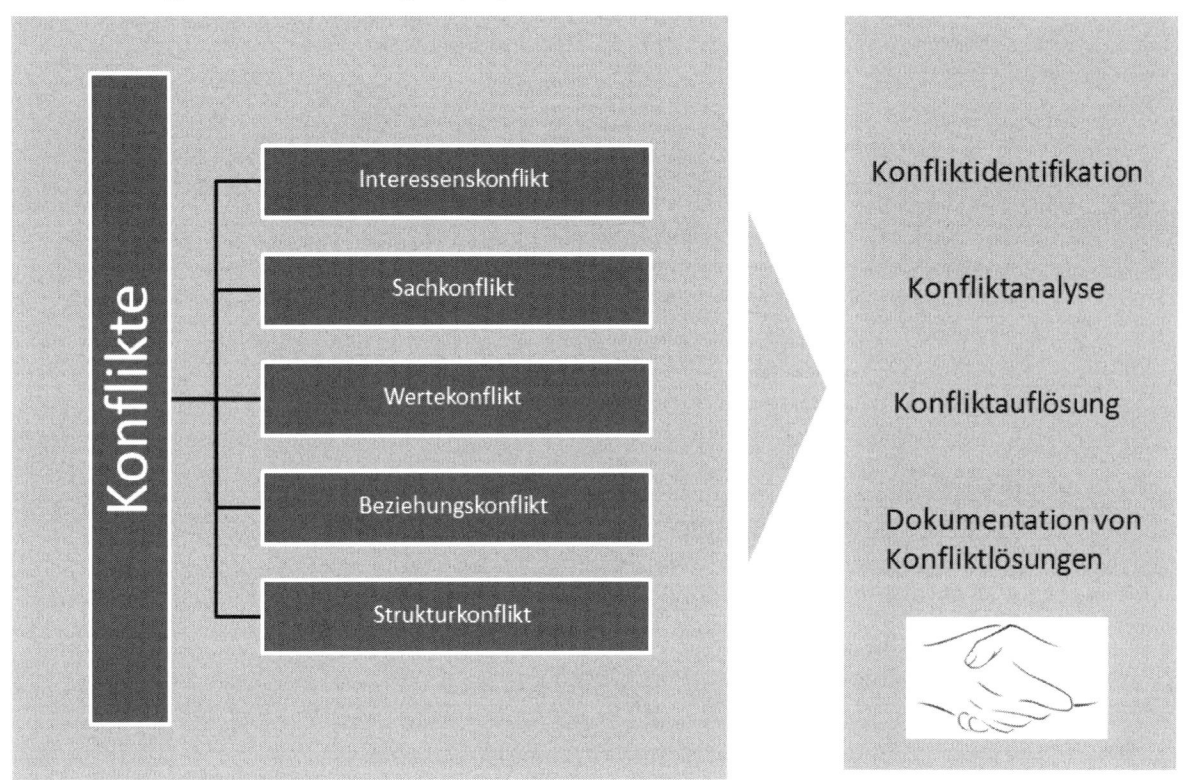

7.6.1 Aufgaben in der Abstimmung von Anforderungen kennen

Die Abstimmung von Anforderungen zielt darauf ab, ein gemeinsames Verständnis der Anforderungen an das zu entwickelnde System unter allen relevanten Stakeholdern herzustellen. Die Aufgaben in der Abstimmung von Anforderungen sind:

- Konfliktidentifikation
- Konfliktanalyse
- Konfliktauflösung
- Dokumentation von Konfliktlösungen

7.6.2 Konfliktidentifikation: Die Arten von Konflikten bezüglich Anforderungen kennen

Im Rahmen der Konfliktanalyse werden verschiedene Konfliktarten bezüglich der Anforderungen unterschieden, die unterschiedliche Strategien der Konfliktauflösung notwendig machen. Die verschiedenen Konflikttypen sind:

- Interessenskonflikt
- Sachkonflikt
- Wertekonflikt
- Beziehungskonflikt
- Strukturkonflikt

Interessenskonflikt
Stakeholder haben faktisch unterschiedliche Bedürfnisse oder persönliche Interessen. Ein Interessenkonflikt ist eine Situation, in der das Risiko besteht, dass Interessen persönlicher oder institutioneller Art die primären Interessen des Unternehmens gefährden. Interessen müssen dabei nicht materieller oder speziell finanzieller Art sein, sie können auch nichtmaterieller Art sein. Beispiele dafür sind der Wunsch, Freunde zu unterstützen oder das Streben nach Anerkennung.

Beispiele Interessenkonflikte:
- Ein Stakeholder ist bei der Auswahl eines Software-Anbieters beteiligt. Er hat früher bei diesem Lieferanten selbst gearbeitet.
- Die Revisionsgesellschaft XY ist Revisor bei der Schweizer Bank AG. Gleichzeitig arbeitet sie aber in diversen Projekten der Schweizer Bank mit.
- Freunde und Bekannte, die bei einer Stellenausschreibung bevorteilt werden
- Das „Zuschanzen" von Aufträgen. Bspw. ist einer Ihrer Mitarbeiter für die Auswahl von neuen Zulieferern verantwortlich. Zur Auswahl steht ein Zulieferer, bei dem ein Freund Ihres Mitarbeiters arbeitet. Dieser unterbreitet der Firma ein Angebot.
- Der Stakeholder ist gleichzeitig als Verwaltungsrat bei einem Lieferanten in der Geschäftsleitung.

Ein Interessenkonflikt kann zu einem <u>wirtschaftlichen Schaden</u> werden, wenn ein Angebot einer Firma aufgrund eines „Freundschaftsdienstes" akzeptiert wird, obwohl es objektiv betrachtet schlechter ist als das von anderen Lieferanten.

Ein Interessenkonflikt kann zum <u>Imageverlust</u> führen: Werden ungelöste Interessenkonflikte und deren Auswirkungen an die Öffentlichkeit getragen, drohen Imageverluste. Unzufriedene Mitarbeiter oder ehemalige Kunden können Konflikte nach aussen kommunizieren.

Sachkonflikt
Zwei Parteien verfolgen ein gemeinsames Ziel, sind sich jedoch nicht einig über Einsatz von Ressourcen, Wahl von Methoden oder anderen Mitteln. Sachkonflikte können auch gelöst werden, wenn diese näher und tiefer untersucht werden. Sachkonflikte ist eines der häufigsten und grössten Probleme zwischen der Informatik und dem Stakeholder im Fachbereich. Die Vorstellungen in einer Sache gehen meist weit auseinander. Man redet zwar viel über etwas, aber man versteht sich nicht, oder man meint etwas anderes oder die Vorstellungen laufen auseinander.

Beispiele:
- In einer Abteilung wollen alle die Qualität verbessern, man ist sich jedoch nicht einig, wo begonnen werden soll und wieviel finanzielle Mittel aufgewendet werden sollen.
- Es ist möglich, eine Arbeit in der Zentrale der Firma zu machen oder auch in den Filialen. Man ist sich nicht einig, was sinnvoll ist.
- Es soll ein neues System eingeführt werden, welches sehr flexibel, schnell und anwenderfreundlich ist. Unter diesen erwähnten Eigenschaften verstehen die Informatiker teilweise etwas anderes als die Stakeholder.

Wertekonflikt
Stakeholder haben unterschiedliche Werte und Präferenzen. Haben Menschen grundsätzlich andere Wertvorstellungen, ein anderes Weltbild (Religion, Ideologie, Ethik). Es geht hier vor allem um Menschen und ihre Einstellung:
- Geistige Werte sind beispielsweise Weisheit, Wissen und Disziplin.
- Sittliche Werte sind beispielsweise Treue und Ehrlichkeit.
- Religiöse Werte sind beispielsweise Glaubensfestigkeit und Toleranz.
- Private Werte sind Höflichkeit, Taktgefühl und Rücksichtnahme.

Beispiel:
Der Projektleiter in einer Bank ist sehr forsch und behandelt jeden Mitarbeiter, ungeachtet der Rangstufe, gleich. Der lockere Umgang kommt nicht bei allen gut an, da er auch oft zu spät an Sitzungen kommt und wenig Taktgefühl hat. Dies führt immer wieder zu Diskussionen mit dem Auftraggeber.

Beziehungskonflikt

Stakeholder und Projektmitarbeiter haben in ihren persönlichen Beziehungen untereinander Probleme. Aufgrund von Antipathien, Vorurteilen, stereotypen Erwartungen können Konflikte zwischen Personen oder Gruppen entstehen. Beziehungskonflikte befinden sich häufig dort, wo Verantwortlichkeit nicht klar abgegrenzt oder auf viele Personen verteilt ist. Mögliche Ursachen können Wertesysteme, Deutungs-, Wahrnehmungs- und Verhaltensmuster sein.

Beispiele:
- Projektleiter A und Projektleiter B streiten sich darüber, wer der Experte bezüglich Projektmanagementmethoden ist.
- Es gibt im Fachbereich einen wichtigen Stakeholder, welcher sich furchtbar über den Projektleiter aufregt, die genauen Ursachen sind nicht bekannt.

Strukturkonflikt

Der Konflikt entsteht durch unterschiedliche Hierarchie- und Entscheidungsbefugnis-Ebenen in einem Unternehmen. Lösen kann man sie nur durch eine Veränderung der Strukturen (z.B. Nähe schaffen, Treffen statt Emails) und in der Reflektion des eigenen Verhaltens.

Beispiele:
In einem Projektteam hat es Mitarbeiter mit verschiedenen Rangstufen. Dies führt immer wieder dazu, dass sie sich gewisse Leute Vorrechte nehmen. Das kommt oft nicht gut an.

7.6.3 Die verschiedenen Konfliktlösungstechniken kennen

In der Auflösung eines Konfliktes sollten alle relevanten Stakeholder berücksichtigt werden. Für Konfliktauflösung existieren verschiedene Konfliktlösungstechniken, und zwar:

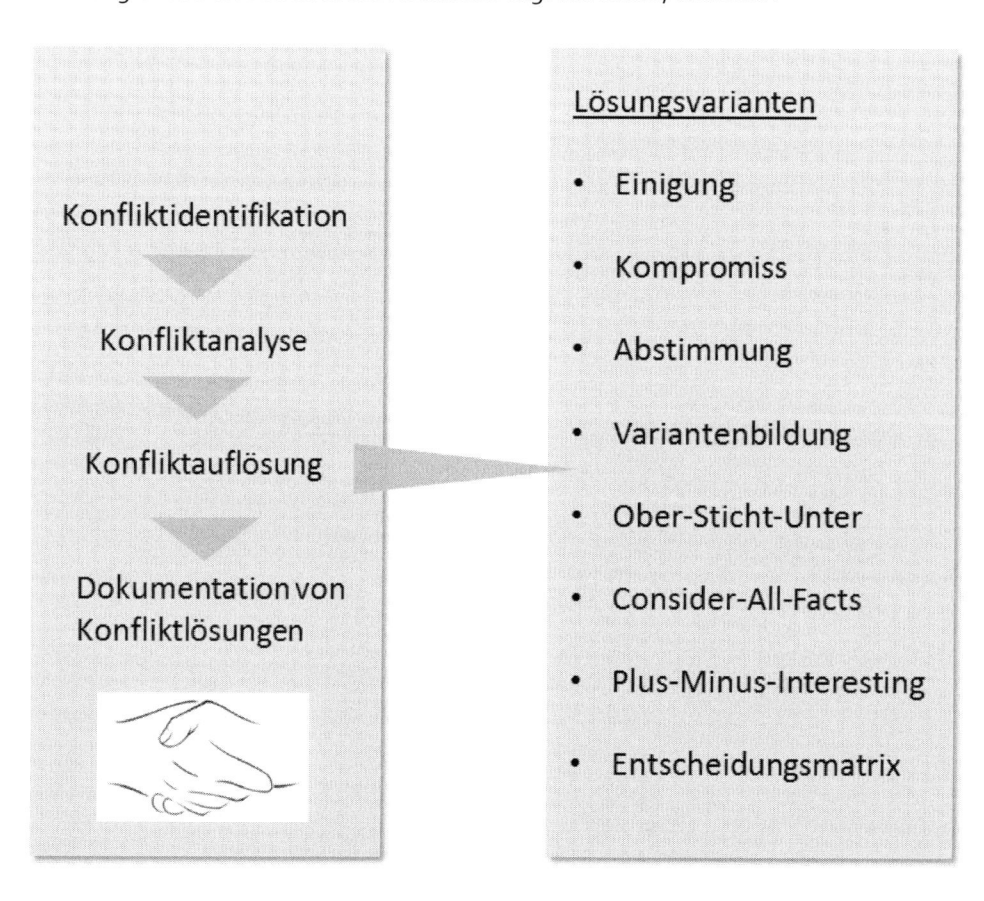

Konfliktidentifikation
↓
Konfliktanalyse
↓
Konfliktauflösung → **Lösungsvarianten**
- Einigung
- Kompromiss
- Abstimmung
- Variantenbildung
- Ober-Sticht-Unter
- Consider-All-Facts
- Plus-Minus-Interesting
- Entscheidungsmatrix

↓
Dokumentation von Konfliktlösungen

Einigung
bezeichnet in der Rechtswissenschaft die inhaltliche Übereinstimmung mindestens zweier aufeinander bezogener Willenserklärungen. Auch umgangssprachlich versteht man hierunter mindestens zwei übereinstimmende Erklärungen oder Aussagen.

Kompromiss
Ein Kompromiss ist die Lösung eines Konfliktes durch gegenseitige freiwillige Übereinkunft, unter beiderseitigem Verzicht auf Teile der jeweils gestellten Forderungen. Es wird von den Verhandlungspartnern ausgehend von den eigenen Positionen eine neue Mittelposition gebildet und diese erzielte Einigung als gemeinsames Ergebnis dargestellt. Der Kompromiss ist die vernünftige Art des Interessenausgleichs.

Abstimmung
Eine Entscheidung über etwas herbeiführen, in einen solchen Zustand bringen, dass es passt, mit jemandem verhandeln, um etwas mit dessen Vorstellungen in Übereinstimmung zu bringen. Ist ein Prozess um die Absichten und Meinungen der Gegenseite zu verstehen.

Variantenbildung
Man zeigt mehrere Varianten einer Lösung auf für einen Konflikt. Danach werden die Vor- und Nachteile der verschiedenen Varianten diskutiert und ein Entscheid herbeigeführt.

Ober-Sticht-Unter
Derjenige in der höheren Position setzt sich durch, es herrschen hierarchische Verhältnisse.

Consider-All-Facts
Die CAF-Methode dient der gründlichen Vorbereitung von Entscheidungen. Sie hilft, möglichst viele Informationen, Randbedingungen und Einflussfaktoren aufzuzeigen, die für die anstehende Entscheidung von Bedeutung sein könnten, und diese zu bewerten. So lässt sich die Entscheidungssituation umfassender erkennen und einschätzen.

Plus-Minus-Interesting (PMI)
Eine der einfachsten und dennoch nützlichsten Methoden zur Entscheidungsfindung ist die PMI (Plus Minus Interesting) Methode, in welcher Sie alle positiven und negativen Auswirkungen einer Entscheidung abwägen und dadurch entscheiden.

Entscheidungsmatrix
Unter einer Entscheidungsmatrix versteht man eine klar strukturierte und übersichtliche Methode, um verschiedene Vorgehensweisen und Handlungsprodukte zu planen und darüber zu entscheiden.
- Die Alternativen werden auf der Horizontalen Achse notiert
- Bewertungskriterien ermitteln
- Die Kriterien werden auf der Vertikalen, also der Y-Achse notiert
- Auswerten

Jetzt kann jede Möglichkeit stichpunktartig oder nach Noten be- und ausgewertet werden.

		Optionen (Alternativen)					
Kriterien	Gewichtung	Auto A		Auto B		Auto C	
		Bewertung	Total	Bewertung	Total	Bewertung	Total
Kaufpreis	5	6	30	4	20	3	15
Kraftstoffverbrauch	6	3	18	4	24	2	12
Zuverlässigkeit	4	4	16	4	16	5	20
Raumangebot	3	3	9	4	12	5	15
Motorleistung	2	2	4	4	8	6	12
Total			77		80		74

7.6.4 Die Dokumentation der Konfliktauflösung kennen

Nach der Konfliktauflösung sollte der Konflikt geeignet dokumentiert werden. Dazu sollte insbesondere die Konfliktursache, die beteiligten Stakeholder, die Meinungen der einzelnen Stakeholder, die Art der Konfliktauflösung, mögliche Alternativen, die Entscheidungen und die Gründe für die Entscheidungen festgehalten werden.

7.7 Repetitionsfragen

1. Perspektivenbasiertes Lesen wird genutzt, ... (1 Antwort)

   1 Punkt

☐	A) um ein Dokument aus einer vorbestimmten Perspektive zu lesen, z. B. aus der Perspektive des Realisierers oder des Testers.
☐	B) um ein Dokument nicht zu lesen.
☐	C) um ein Dokument aus einer anderen Perspektive zu lesen, z. B. das Dokument umdrehen.
☐	D) um ein Dokument aus Sicht des Stakeholders zu lesen..

2. Um eine geeignete Basis für die nachgelagerten Entwicklungsschritte zu bilden, wird das Anforderungsdokument auf bestimmte Qualitätskriterien geprüft. Welche zwei der folgenden Qualitäten betreffen den Qualitätsaspekt „Inhalt"? (2 Antworten)

   3 Punkte

☐	A) Vollständigkeit
☐	B) Verständlichkeit
☐	C) Eindeutigkeit
☐	D) Konsistenz
☐	E) Umfang

3. Welche der folgenden Prinzipien sind bei Inspektionen zu beachten und welche nicht? (2. Antworten)

   2 Punkte

Richtig	Falsch	
☐	☐	A) Strikte Einhaltung des definierten Inspektionsprozesses
☐	☐	B) Strikte Trennung der Rollen Moderator und Vorleser
☐	☐	C) Individuelle Vorbereitung der Teilnehmer
☐	☐	D) Trennung von Fehlersuche und Fehlerkorrektur

4. Ein Stakeholder fordert für ein international einzusetzendes Navigationssystem nur eine weibliche Stimme für die Sprachausgabe. Für einen anderen Stakeholder ist dies diskriminierend; er fordert zusätzlich eine männliche Stimme. Welcher der folgenden Konflikttypen beschreibt diesen Konflikt am besten? (1 Antwort)

   1 Punkt

☐	A) Beziehungskonflikt
☐	B) Interessenkonflikt
☐	C) Strukturkonflikt
☐	D) Wertekonflikt

8. Anforderungen verwalten (K2)

Lernziele	8.1.1 Zweck und Definition von Attributierungsschemata kennen
	8.1.2 Wichtige Attributtypen für Anforderungen kennen
	8.2.1 Sichten auf Anforderungen kennen und anwenden
	8.3.1 Vorgehen zur Priorisierung von Anforderungen kennen
	8.3.2 Techniken zur Priorisierung von Anforderungen können und anwenden
	8.4.1 Nutzen der Verfolgbarkeit von Anforderungen kennen
	8.4.2 Klassen von Verfolgbarkeitsbeziehungen können und anwenden
	8.4.3 Repräsentationsformen von Verfolgbarkeitsbeziehungen kennen
	8.5.1 Die Versionierung von Anforderungen kennen und anwenden
	8.5.2 Die Bildung von Anforderungskonfigurationen kennen und anwenden
	8.5.3 Die Bildung von Anforderungsbasislinien kennen und anwenden
	8.6.1 Die Bedeutung von Anforderungsänderungen kennen
	8.6.2 Aufgaben und Vertreter des Change-Control-Boards kennen
	8.6.3 Aufbau eines Änderungsantrages für Anforderungen kennen und anwenden
	8.6.4 Klassen von Änderungsanträgen kennen und anwenden
	8.6.5 Vorgehen zur Bearbeitung von Änderungsanträgen kennen und anwenden
	8.7.1 Die Wichtigkeit von Anforderungsmessung kennen
Schlüsselbegriffe:	Anforderungsänderungen, Anforderungsmessung, Arten von Änderungsanträgen, Attributierung, Attributierungsschemata, Change Control Bords, Priorisierung von Anforderungen, Selektive Sichten, Verdichtende Sichten, Verfolgbarkeit von Anforderungen, Versionierung von Anforderungen.

8.1 Attributierung

8.1.1 Zweck und Definition von Attributierungsschemata

Das Management von Anforderungen bedeutet, dass Prozesse definiert und angewendet werden, welche die Anforderungen und Anforderungsdokumentationen während des gesamten Projektverlaufs aktualisiert. Die Anforderungen sollen am Ende als Grundlage für die Erstellung von Testfällen verwendet werden können. Für eine geordnete Entwicklung eines Services sollten die Anforderungen stabil sein. Leider sind Anforderungen von Natur aus nicht stabil, sondern unterliegen einer Veränderung. Gründe für Veränderungen können sein:

- Zusätzliche/weniger Anforderungen seitens des Auftraggebers
- Gesetzliche Anpassungen
- Neue Erkenntnisse
- Finanzielle Aspekte

8.1.2 Wichtige Attributtypen für Anforderungen (K1)

Um die Anforderungen an ein System über den gesamten Lebenszyklus des Systems hinweg verwalten zu können, ist es notwendig, die Informationen zur Anforderung als Attribute möglichst strukturiert zu erfassen. Die Definition der Attributstruktur für Anforderungen erfolgt über ein Attributierungsschema, das entweder tabellarisch oder in Form eines Informationsmodells definiert werden kann.

Notwendige Zusatzinformationen, damit Anforderungen verwaltet werden können:
- Anforderungsname, Versionsnummer, Erfassungsdatum
- Datum der letzten Änderung, Priorität
- Quellen – wo ist der Ursprung – von welcher Person oder aus welchem Dokument
- Status: (vorgeschlagen, wird geprüft, akzeptiert, abgelehnt)
- Gehört zu: Dokument, Fachanforderung, Pflichtenheft
- Abhängigkeiten

8.2 Sichten auf Anforderungen (K2)

8.2.1 Sichten auf Anforderungen kennen und anwenden

In der Praxis zeigt sich, dass die Anzahl der Anforderungen in Projekten und die Zahl der Abhängigkeiten zwischen diesen Anforderungen stets steigen. Um die Komplexität der Anforderungsbasis für die einzelnen Projektmitarbeiter beherrschbar zu halten, ist daher der reduzierte Zugriff und somit das Filtern von Anforderungen in Abhängigkeit von der Verwendung unerlässlich. Es werden zwei Ausprägungsformen der Sichtenbildung unterschieden:

- **Selektive Sichten**: Darstellung einer Teilmenge der Attributwerte ausgewählter Anforderungen..
- **Verdichtende Sichten**: Darstellung verdichteter Informationen ausgewählter Anforderungen.

Änderungsanträge werden in Tools oder Listen geführt, diese können nach verschiedenen Kriterien selektiert und ausgewertet werden. Dies wird über Attribute der entsprechenden Anträge gemacht.

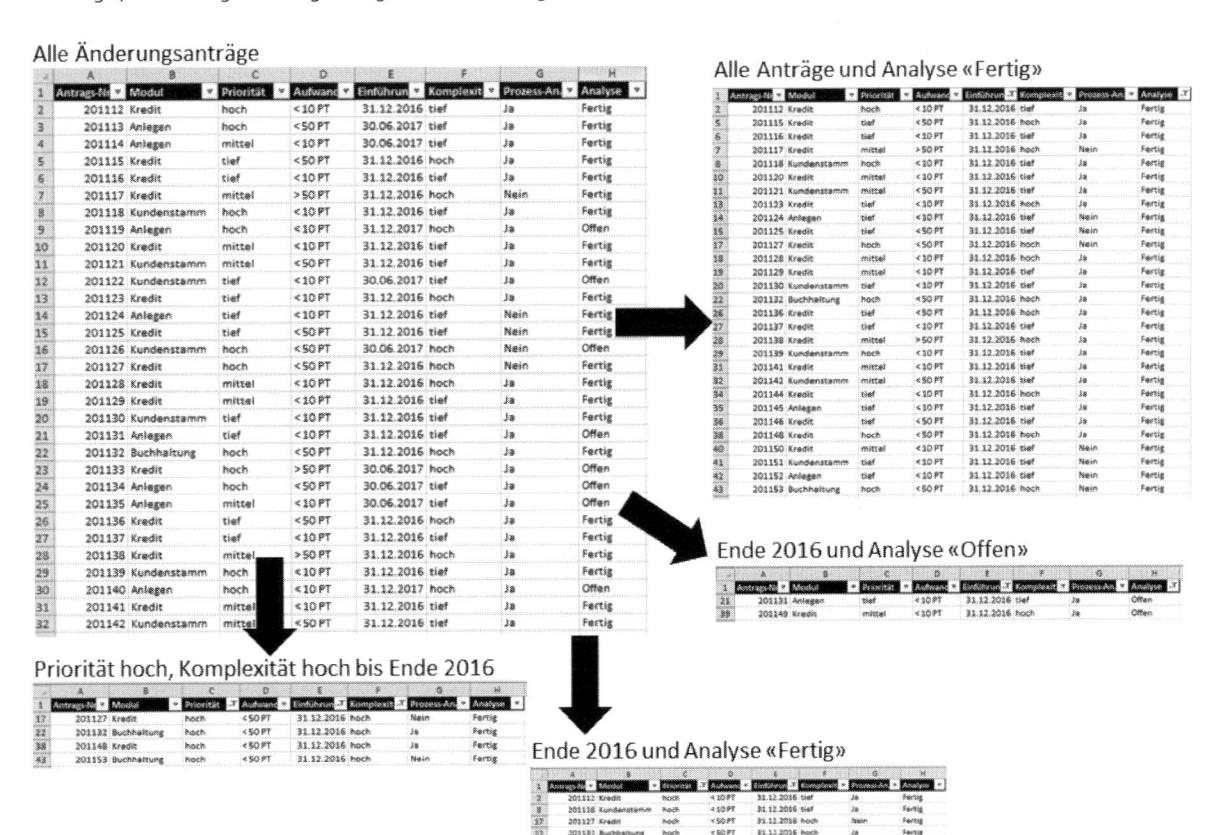

Abbildung 27: Sammlung Änderungsanträge von Anforderungen

Kriterien für selektive oder verdichtete Sichten können sein:
- Anträge auf den nächsten Release, bei denen die Analyse fertiggestellt ist und die Bewilligung durch das CCB (Change Control Bord) erfolgen kann.
- Anträge auf den nächsten Release, bei denen die Analyse noch offen ist, dort muss schnellst möglichst mit der Analyse vorwärts gemacht werden.
- Alle Anträge, bei welchen die Analyse abgeschlossen ist.

8.3 Priorisierung von Anforderungen (K2)

8.3.1 Vorgehen zur Priorisierung von Anforderungen

In den wenigsten Projekten sind die zur Verfügung stehenden Ressourcen unbegrenzt. Um sicherzustellen, dass die zur Verfügung stehenden Ressourcen zielgerichtet genutzt werden, sollten Sie sich rechtzeitig überlegen wie Sie die Anforderungen in Ihrem Projekt priorisieren wollen. Anforderungen werden zu verschiedenen Zeitpunkten in verschiedenen Aktivitäten nach unterschiedlichen Kriterien priorisiert. Die Vorbereitung der Priorisierung von Anforderungen basiert auf einer einfachen Systematik:

- **Festlegung der Ziele der Priorisierung**
  Welche Entscheidungen wollen Sie treffen? Was ist derzeit wichtig?

- **Festlegung der Priorisierungskriterien**
  Abhängig von den festgelegten Zielen definieren Sie die Kriterien anhand derer Sie Ihre Anforderungen priorisieren.

- **Festlegung der Stakeholder**
  Welche Personen haben das Wissen und die Ressourcen, um die Priorisierungskriterien zu bewerten? Welche Personen haben ausreichend Einfluss.?

- **Festlegung der zu priorisierenden Artefakte**
  Welche Informationsart priorisieren Sie? Priorisieren Sie Ihre Ziele, Ihre Use Cases oder die wünschbaren Ergebnisse?

- **Auswahl der Priorisierungstechnik**
  Mit welcher Priorisierungstechnik erreichen Sie eine hinreichend detaillierte und stichhaltige Priorisierung? Welche Priorisierungstechnik wird bereit akzeptiert.

8.3.2 Techniken zur Priorisierung von Anforderungen können und anwenden

Auf Grundlage dieser Festlegungen werden dann eine oder mehrere Techniken zur Priorisierung ausgewählt und die eigentliche Priorisierung durchgeführt. Zu den Priorisierungstechniken zählen:

- Ranking und Top-Ten-Technik
- Ein-Kriterium-Klassifikation
- Kano-Klassifikation
- Wiegers'sche Priorisierungsmatrix
- MoSCoW-Priorisierung

Ranking und Top-Ten-Technik
Beim Ranking werden die Anforderungen hinsichtlich eines ausgewählten Priorisierungskriteriums, wie z. B. dem Kundennutzen, in eine absteigende Rangfolge gebracht. Der Anforderung mit dem höchsten Kundennutzen wird der erste Rang zugewiesen, der Anforderung mit dem zweithöchsten Kundennutzen demnach der zweite Rang usw. Da diese Technik bei einer hohen Anzahl von Anforderungen sehr aufwändig ist, können Sie mittels der Top-Ten-Technik festlegen, bis zu welchem Platz in der Rangfolge Sie ein Ranking vornehmen wollen.

Ein- oder Zwei-Kriterium-Klassifikation

Bei der Ein-Kriterien-Klassifikation werden einem ausgewählten Priorisierungskriterium mögliche Ausprägungen zugewiesen. Man kann z. B. den Kundennutzen in die drei Bereiche „hoch", „mittel" und „tief" unterteilen und anschliessend jeder Anforderung einen dieser Werte zuweisen. Falls Sie neben dem Kundennutzen ein weiteres Priorisierungskriterium, wie z. B. die Kosten zur Umsetzung der Anforderung in Ihre Priorisierung einfliessen lassen wollen, können Sie die Zwei-Kriterien-Klassifikation anwenden. Dabei werden die Anforderungen anhand von zwei Kriterien bewertet und die möglichen Kombinationen der Bewertungen der Kriterien mithilfe eines Rankings priorisiert. Aus der Bewertung der Kriterien für jede Anforderung ergibt sich die Priorität der Anforderung.

Abbildung 28: Zwei-Kriterium-Klassifikation

		Kosten		
		Hoch	Mittel	Tief
Nutzen	Hoch	Priorität 5	Priorität 2	Priorität 1
	Mittel	Priorität 6	Priorität 4	Priorität 3
	Tief	Priorität 9	Priorität 8	Priorität 7

Wiegers'sche Priorisierungsmatrix

Bei der Wiegers'schen Priorisierungsmatrix handelt es sich um ein analytisches Verfahren zur Priorisierung von Anforderungen. Bei dieser Technik werden die vier Kriterien **„Nutzen"**, **„Kosten"**, **„Schaden"** und **„Risiko"** berücksichtigt. Es gilt der Grundsatz, dass sich die Priorität einer Anforderung proportional zu deren Nutzen und umgekehrt proportional zu den Kosten, dem Schaden und dem Risiko verhält. Diese Technik eignet sich nur zur Priorisierung, wenn alle Anforderungen unabhängig voneinander sind. Die Berechnung wird in einer Matrix gemacht. Darin werden alle Anforderungen sowie pro Anforderung eine Prognose der vier (gewichteten) Kriterien aufgelistet. Diese Prognosen werden in Skalenwerten von 1-9 ausgedrückt. Die einzelnen Anforderungsprioritäten werden aufgrund der prognostizierten Werte und der Gewichtung der einzelnen Kriterien berechnet. Je näher eine Anforderungspriorität bei 1 ist, desto ausgeglichener ist das Verhältnis zwischen Nutzen, Kosten, Schaden und Risiko, und somit sollen diese Anforderungen bei einer Releaseplanung zuerst berücksichtigt werden (Pohl 2007 zit. nach Wiegers 1999):

Link: http://bit.ly/zaZSUa

Relative Weights:	2	1			1		0.5		
Feature	Relative Benefit	Relative Penalty	Total Value	Value %	Relative Cost	Cost %	Relative Risk	Risk %	Priority
1. Query status of a vendor order	5	3	13	8.4	2	4.8	1	3.0	1.345
2. Generate a Chemical Stockroom inventory report	9	7	25	16.2	5	11.9	3	9.1	0.987
3. See history of a specific chemical container	5	5	15	9.7	3	7.1	2	6.1	0.957
4. Print a chemical safety datasheet	2	1	5	3.2	1	2.4	1	3.0	0.833
5. Maintain a list of hazardous chemicals	4	9	17	11.0	4	9.5	4	12.1	0.708
6. Modify a pending chemical request	4	3	11	7.1	3	7.1	2	6.1	0.702
7. Generate an individual laboratory inventory report	6	2	14	9.1	4	9.5	3	9.1	0.646
8. Search vendor catalogs for a specific chemical	9	8	26	16.9	7	16.7	8	24.2	0.586
9. Check training database for hazardous chemical training record	3	4	10	6.5	4	9.5	2	6.1	0.517
10. Import chemical structures from structure drawing tools	7	4	18	11.7	9	21.4	7	21.2	0.365
Totals	54	46	154	100	42	100	33	100	--

MoSCoW-Priorisierung

Die MoSCoW-Priorisierung ist eine Methode, die im Bereich des Projektmanagements verwendet wird, und es dem Projektmanager ermöglicht, die Umsetzung der Anforderungen anhand ihrer Wichtigkeit und ihrer Auswirkung zu priorisieren. Seinen Ursprung hat die MoSCoW-Priorisierung in der Dynamic Systems Development Method.

MoSCoW ist ein Akronym und steht für:

M
MUST unbedingt erforderlich

S
SHOULD - sollte umgesetzt werden, wenn alle MUST-Anforderungen trotzdem erfüllt werden können

C
COULD - kann umgesetzt werden, wenn die höherwertigen Anforderungen nicht beeinträchtigt werden

W
WON'T - wird diesmal nicht umgesetzt, aber für die Zukunft vorgemerkt

Die kleingeschriebenen Buchstaben im Akronym sind nur zum Zweck der besseren Lesbarkeit vorhanden und haben keine weitere Funktion.

MUST bezeichnet Anforderungen, die für das Projekt essentiell wichtig und nicht verhandelbar sind. Eine ganz oder teilweise ausbleibende Umsetzung würde zum Scheitern des Projekts führen. Anforderungen dieser Art werden in der Projekt-Timebox zusammengefasst. MUST ist ebenfalls ein Akronym – Minimal Usable SubseT – und steht für Minimalanforderung.

Obwohl **SHOULD**-Anforderungen nicht erfolgskritisch für das Projekt sind, haben sie eine hohe Relevanz und sollten, soweit keine Beeinträchtigung von MUST-Anforderungen auftritt, mit in der Projektumsetzung berücksichtigt werden. SHOULD-Anforderungen können oft über verschiedene Wege umgesetzt werden.

COULD-Anforderungen haben eine geringe Relevanz und werden oft als Nice to have bezeichnet. Sie werden erst berücksichtigt, wenn neben der prioritären Bearbeitung von MUST- und SHOULD-Anforderungen noch Kapazitäten vorhanden sind. Doch sollten COULD-Anforderungen nicht pauschal ignoriert werden. Oft können ein paar einfach umzusetzende COULD-Anforderungen einen nicht unerheblichen Mehrwert generieren, bei minimalen, zusätzlichen Entwicklungskosten.

WON'T-Anforderungen sind für das aktuelle Projekt bzw. den aktuellen Planungsabschnitt von geringster Priorität. Allerdings, und das ist einer der grössten Vorteile von MoSCoW, zeigt die Klassifizierung als WON'T, dass die Anforderung fachlich und/oder technisch wichtig, aber nicht zeitlich kritisch ist. So klassifizierte Anforderungen geraten nicht in Vergessenheit und werden beim nächsten Release erneut berücksichtigt.

Kano-Klassifikation

Diese Priorisierungstechnik basiert auf dem Kano-Modell, welches eine Klassifikation aufgrund der Marktwirkung erstellt. Ein Systemmerkmal wird in die drei Merkmalsklassen „Basismerkmal", „Zusatzmerkmal" und „Begeisterungsmerkmal" eingeteilt.
➔ wird im Kapitel 3.2 näher erläutert

8.4 Verfolgbarkeit von Anforderungen (K2)

8.4.1 Nutzen der Verfolgbarkeit von Anforderungen

Im Rahmen der Verwaltung von Anforderungen werden Verfolgbarkeitsinformationen von Anforderungen aufgezeichnet, organisiert und gepflegt.

Der Nutzen der Verfolgbarkeit von Anforderungen bezieht sich auf:
- Vereinfachung der Nachweisbarkeit
- Identifikation von unnötigen Eigenschaften im System
- Identifikation von unnötigen Anforderungen
- Unterstützung der Auswirkungsanalyse
- Unterstützung der Wiederverwendung
- Unterstützung der Festlegung der Zurechenbarkeit
- Unterstützung der Wartung und Pflege

8.4.2 Klassen von Verfolgbarkeitsbeziehungen kennen und diese anwenden

Hinsichtlich der Verfolgbarkeitsbeziehungen von Anforderungen werden drei Klassen :
- Pre-Requirements-Specification-Traceability
- Post-Requirements-Specification-Traceability
- Traceability zwischen Anforderungen

Bevor wir tiefer in die Nachvollziehbarkeit von Anforderungen einsteigen, sollten wir die verschiedenen Ausprägungen etwas voneinander abgrenzen.

Es werden drei Arten von Traceability unterschieden:
Pre-Requirements-Specification-Traceability: Hier liegt der Fokus auf allen Informationen, die zu der Anforderung führten, z.B. „Unternehmen will Marktführerschaft" oder „Kunde möchte einfachere Bedienung" (Geschäftsziele).

Traceability zwischen den Requirements: Oft entstehen Anforderungen in Konsequenz aus anderen Anforderungen, z.B. könnte eine Anforderung „Navi soll Sprachbefehle auswerten können" aus der Anforderung „Navi soll Zieleingabe per Sprache ermöglichen" abgeleitet sein. Bei dieser Art der Traceability würden diese Abhängigkeiten sehr gut aufgezeigt werden.

Post-Requirements-Traceability: Dies ist, was klassischerweise unter der Nachvollziehbarkeit von Anforderungen verstanden wird: Die Nachvollziehbarkeit, angefangen von der Anforderung über die Entwürfe und Implementierungen bis hin zu den Testfällen. Im Vordergrund steht die Frage, wo und wie eine Anforderung in der jeweiligen Projektphase abgebildet wird.

8.4.3 Repräsentationsformen von Verfolgbarkeitsbeziehungen

Es sollten nur solche Informationen aufgezeichnet werden, für die eine klare Verwendung existiert. Die Verfolgbarkeitsinformationen von Anforderungen können unterschiedlich repräsentiert werden. Typische Repräsentationsformen sind:
- Textuelle Referenzen und Hyperlinks
- Verfolgbarkeitsmatrizen
- Verfolgbarkeitsgraphen

Traceability hat den Vorteil, dass nachverfolgt werden kann, wie und wann sich die Anforderungen geändert haben. Ob während des Projektes Anforderungen dazugekommen sind oder Anforderungen weggefallen wurden.

Abbildung 29: Verfolgbarkeit von Anforderungen

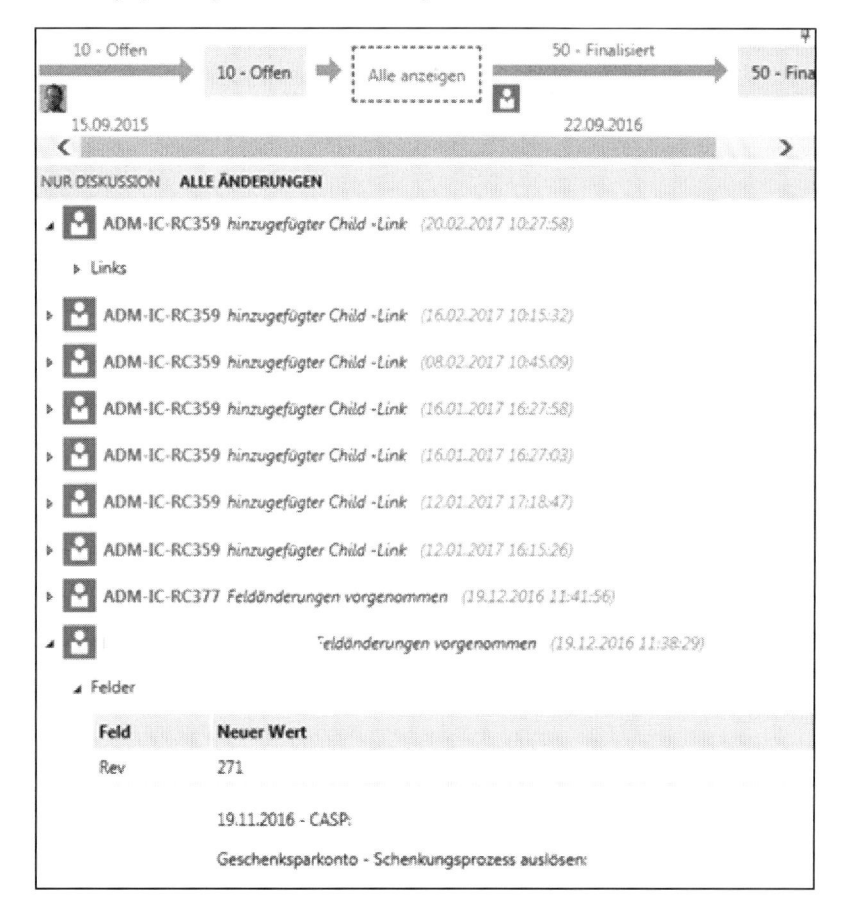

8.5 Versionierung von Anforderungen (K2)

8.5.1 Die Versionierung von Anforderungen kennen und anwenden

Die Versionierung und Konfiguration von Anforderungen ermöglicht es, über den Lebenszyklus eines Systems oder Produktes hinweg, spezifische Entwicklungsstände von Anforderungen und Anforderungsdokumenten verfügbar zu halten. Die Versionsnummer einer Anforderung besitzt dabei mindestens zwei Bestandteile:

- Version   - neue Versionen sind grosse Änderungen am Gesamtsystem (z.B. neues GUI)
- Inkrement - sind kleinere Anpassungen, neue Funktionalitäten, Fehlerverbesserungen

Abbildung 30: Versionierung von Anforderungen

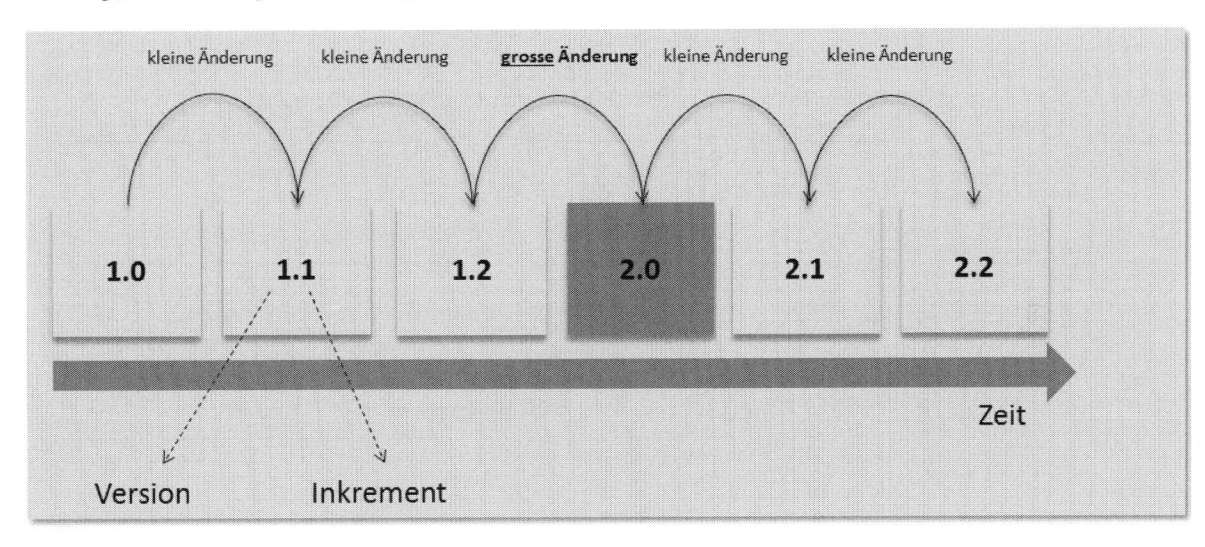

Eine Herausforderung für die Software und Anforderungsmanagement kann es auch sein, wenn mehrere Versionen von Anforderungen und Software pro Kunde geführt werden müssen.

Abbildung 31: Mehrere Versionen von Anforderungen

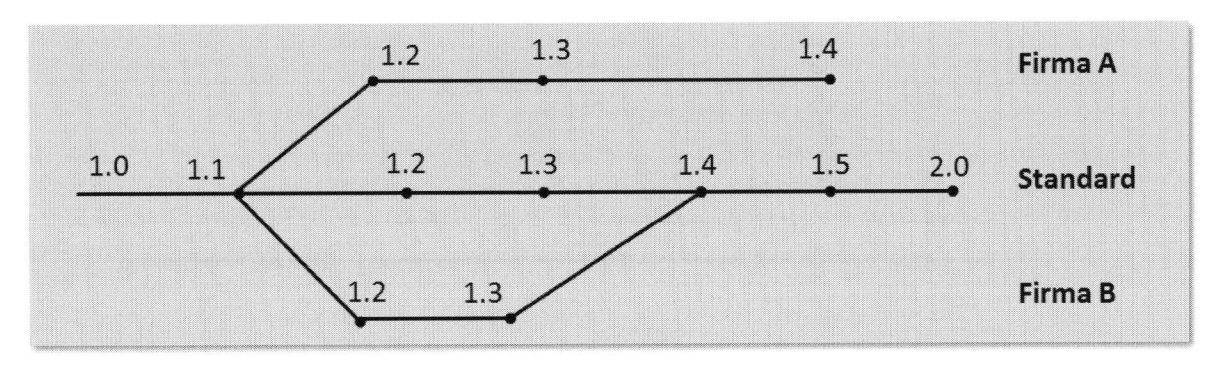

8.5.2 Die Bildung von Anforderungskonfigurationen kennen und anwenden

Eine Anforderungskonfiguration fasst eine definierte Menge logisch zusammengehöriger Anforderungen zusammen, wobei jede Anforderung maximal in einer Version in der Anforderungskonfiguration enthalten ist. Die Bildung von Anforderungskonfigurationen wird dabei entlang zweier Dimensionen definiert:
- Produktdimension: → Die einzelnen Anforderungen der Anforderungsbasis.
- Versionsdimension: → Die verschiedenen Versionsstände einer Anforderung.

Anforderungskonfigurationen besitzen einige typische Eigenschaften:
- sachlogischer Zusammenhang der Anforderungen einer Konfiguration
- Konsistenz der Anforderungen innerhalb der Anforderungskonfiguration
- Eindeutiger Identifikator der Anforderungskonfiguration
- Unveränderbarkeit der Anforderungen innerhalb der Anforderungskonfiguration
- Grundlage für das Rücksetzen auf frühere Versionen der Anforderungsbasis

Abbildung 32: Dimensionen der Verwaltung von Konfigurationen

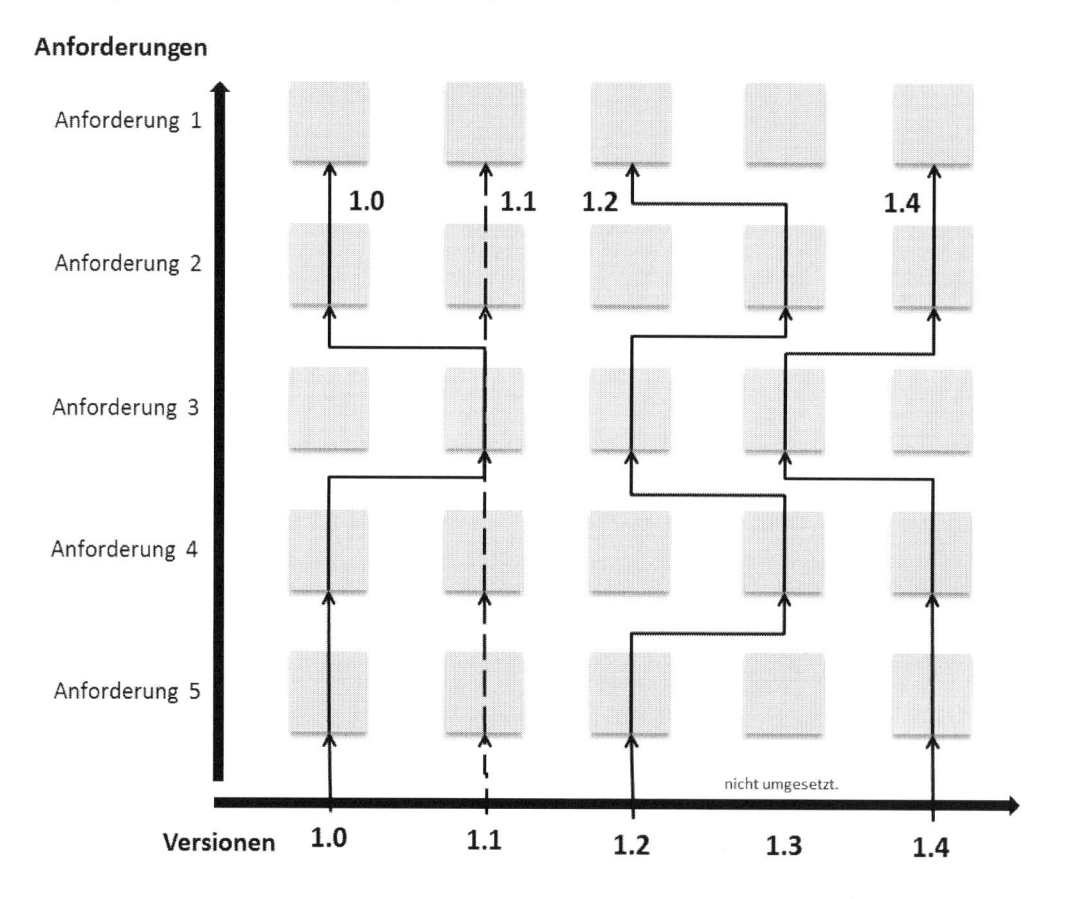

8.5.3 Die Bildung von Anforderungsbasislinien kennen und anwenden

Anforderungsbasislinien sind ausgezeichnete Anforderungskonfigurationen, die stabile Versionen von Anforderungen umfassen und oftmals auch Auslieferungsstufen des Systems (Systemreleases) definieren. Die Verwendung von Anforderungsbasislinien unterstützen den Entwicklungsprozess wie folgt:
- Grundlage zur Planung von Auslieferungsstufen (Releases)
- Abschätzung des Realisierungsaufwandes
- Vergleich mit Konkurrenzprodukten

8.6 Verwaltung von Anforderungsänderungen (K2)

8.6.1 Die Bedeutung von Anforderungsänderungen

Über den gesamten Lebenszyklus eines Systems hinweg verändern sich die Anforderungen. Die Änderungen der Anforderungen werden in einem systematischen Änderungsmanagementprozess verwaltet und bearbeitet. In diesem Änderungsmanagementprozess ist das Change-Control-Board für die Bearbeitung eingehender Änderungsanträge verantwortlich. Die Aufgaben des Change-Control-Boards sind:

- Klassifikation eingehender Änderungsanträge
- Bestimmung des Aufwands einer Änderung
- Beurteilung der Änderungsanträge hinsichtlich Aufwand/Nutzen
- Definition neuer Anforderungen auf Basis eingehender Änderungsanträge
- Entscheidung über Annahme oder Ablehnung eines Änderungsantrags
- Priorisierung der angenommenen Änderungsanträge
- Zuordnung der Änderungen zu Änderungsprojekten

Korrektive Änderungen entstehen meist aus einem Fehler in einem produktiven Programm. Diese müssen behoben werden. Adaptive Änderungen bedeutet Anpassung der Software an veränderte technische Bedingungen der Umgebung (z.B. neue Version eines Betriebssystems). Ausnahmeänderungen sind kurzfristige Änderungen aufgrund von regulatorischen Vorschriften oder Marktveränderungen.

Priorisierung
Wenn der Change (Änderung) einmal angenommen ist, werden Priorität und Kategorie vergeben. Die Priorität zeigt die Bedeutung des Änderungsantrages und setzt sich zusammen aus der Auswirkung des Problems und der Dringlichkeit für die Behebung. Der Problem-Manager hat vielleicht bereits eine Priorität bestimmt, aber die endgültige Priorisierung für den Change wird im Change Control Board vorgenommen, wobei alle anderen Changes, die sich in der Diskussion befinden, mit betrachtet werden. Diese Klassifizierung bestimmt, wie die Angelegenheit weiter bearbeitet wird und wird daher von der "Schwere" der Anpassung bestimmt.

Dringend
Höchste Priorität; der RfC (Request for Change) betrifft ein Problem, das eine immense Beeinträchtigung der Nutzung wesentlicher Services verursacht, oder er betrifft eine dringende Anpassung der IT (zum Beispiel neue Funktionalitäten wegen geschäftlicher Überlegungen oder neuer gesetzlicher Richtlinien). Dringende Changes unterscheiden sich von den normalen Verfahren, weil die notwendigen Ressourcen für diesen Typ sofort zur Verfügung gestellt werden müssen. Eine Dringlichkeitssitzung des CCCB oder des IT-Steuerkreises kann erforderlich sein. Alle anderen geplanten Aktivitäten werden möglicherweise vorübergehend ausgesetzt.

Hoch
Behebt schwerwiegende technische Schwierigkeiten für eine grosse Gruppe oder Anzahl von Anwendern oder betrifft andere wichtige Situationen. Dieser Change erhält hohe Priorität bei der Zuweisung von Ressourcen für Entwicklung, Test und Durchführung des Changes.

Mittel
Normale Priorität: Keine immense Dringlichkeit oder hohe Auswirkung, aber der Change kann auch nicht bis zum nächsten geplanten Release oder Wartungsfenster verschoben werden. Der Change erhält eine durchschnittliche Priorität bei der Zuweisung von Ressourcen.

Niedrig
Ein gerechtfertigter und notwendiger Change, der aber auf einen passenderen Zeitpunkt verschoben werden kann. Zum Beispiel bis zum nächsten Release oder geplantem Wartungsfenster. Ressourcen werden entsprechend dem Zeitpunkt zugeordnet.

8.6.2 Change Control Bord

Das Change Control Board (CCB) ist eine Gruppe von Mitarbeitern eines Projektteams, das verantwortlich ist für die endgültigen Entscheidungen über Änderungen. Sie greifen in das Änderungsmanagement ein, in dem sie die Änderungswünsche überprüfen und ihre Auswirkungen untersuchen und danach ihre Entscheidung treffen. Es geht dabei um die Fragen, ob und wann Änderungen vorgenommen werden können. Änderungen, die den Basisplan betreffen, werden fast ausschliesslich dem Change Control Board zur Genehmigung vorgelegt.

Aufgaben des Change-Control-Boards sind:
- Klassifikation eingehender Änderungsanträge
- Bestimmung des Aufwands einer Änderung
- Beurteilung der Änderungsanträge hinsichtlich Aufwand/Nutzen
- Definition neuer Anforderungen auf Basis eingehender Änderungsanträge
- Entscheidung über Annahme oder Ablehnung eines Änderungsantrags
- Priorisierung der angenommenen Änderungsanträge
- Zuordnung der Änderungen zu Änderungsprojekten

Zusammensetzung des Change Control Boards:
- Aus ständigen Mitgliedern (Vorsitz – Change-Manager) und temporären Mitgliedern
- Entsprechend den zu bearbeitenden Changes
- In der Zusammensetzung auch innerhalb eines einzelnen Meetings erheblich unterscheiden kann
- Lieferanten hinzuziehen sollte, wenn das hilfreich ist
- Sowohl die Anwender- wie die Kundensicht beachten sollte

8.6.3 Aufbau eines Änderungsantrages für Anforderungen kennen und anwenden

Die folgenden Felder sollten in einem RfC-Formular enthalten sein, unabhängig von Papierform oder elektronischer Ausführung:
- RfC-Nummer (zusätzlich ein Querverweis zur Problem-Nummer, wo nötig)
- Beschreibung der ändernden Elemente und Grund der Änderung
- Auswirkung, wenn Change nicht implementiert wird
- Version des zu ändernden Elements
- Name, Büro und Telefonnummer der Person, die den Change vorgeschlagen hat
- Datum, an dem der Change vorgeschlagen wurde
- Priorität des Change
- Abschätzung der Auswirkung und benötigten Ressourcen (welche bei Bedarf auch auf einem separaten Formular aufgeführt sein können)
- Wenn passend, CCB-Empfehlungen (welche bei Bedarf auch separat aufgeführt sein können, mit Abschätzung der Auswirkung und benötigten Ressourcen)
- Datum und Zeit der Genehmigung, Unterschrift zur Genehmigung (könnte auch elektronisch sein)
- Zeitplan der Implementierung (Release-Identifizierung und/oder Datum/Uhrzeit)
- Aktuelles Datum und Zeit der Implementierung
- Review-Datum
- Review-Ergebnisse (einschliesslich Querverweis auf neuen RfC, wenn nötig)
- Risiko-Analyse und -Management
- Einfluss auf Störfall- und Katastrophenpläne des Business
- Status des RfC – z. B. 'aufgenommen', 'geschätzt', 'abgelehnt', 'genehmigt', 'wartend'

Abbildung 33: Ablauf Änderungsantrag

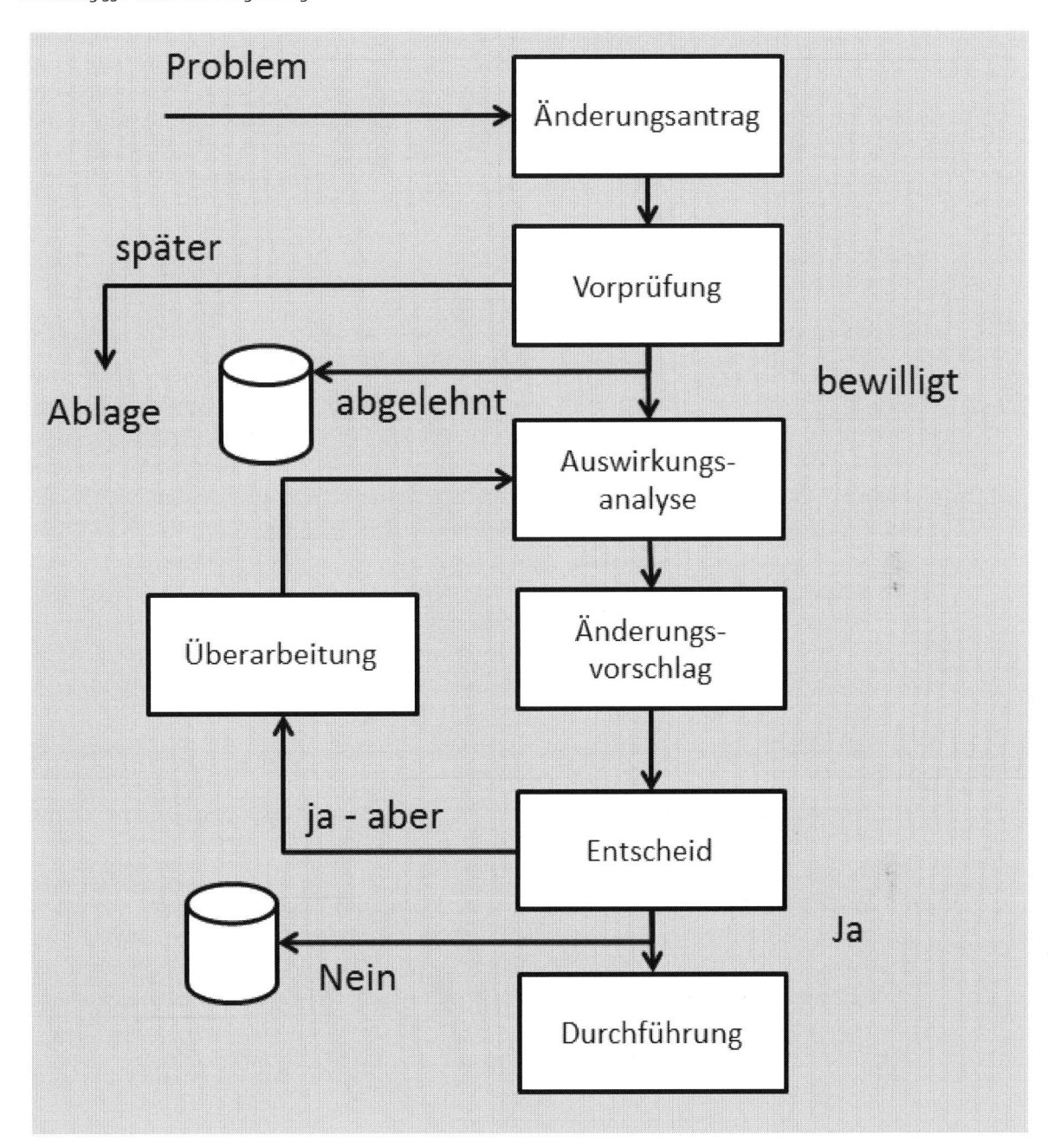

8.6.4 Klassen von Änderungsanträgen kennen und anwenden

Es gibt drei Arten von Änderungsanträgen:

Korrektive Änderungen
Die entstehen durch Fehler im System im Betrieb oder durch technische Mängel am System. Sind die Änderungen dringend, dann werden diese als Ausnahmeänderung durchgeführt.

Adaptive Änderungen
Dies sind Änderungen, weil neue Anforderungen entstehen, neue Funktionalitäten benötigt werden oder Erweiterungen zur Erleichterung der Arbeiten gewünscht werden. Diese Änderungen werden mit einem normalen Release eingeführt.

Ausnahmeänderungen.
Die Änderungen müssen möglichst schnell und unmittelbar umgesetzt werden. Dabei kann es sich um korrektive oder auch adaptive Änderungen handeln.

8.7 Anforderungsmessung (K1)

8.7.1 Die Wichtigkeit von Anforderungsmessung

Die Qualität von Anforderungsdokumenten kann anhand von Information aus Anforderungsvalidierung und -verwaltung, wie z.B. Fehler, Attribute, Verfolgbarkeitsbeziehungen oder Änderungen analysiert werden. Darauf aufbauend können Verbesserungen identifiziert werden. Typische Messdaten sind

- Änderungsraten von Anforderungen
- Fehler in Anforderungen
- Zahl aller Anforderungen im Projekt
- Fertigstellungsgrad von Anforderungen

Änderungsraten von Anforderungen

Unscharfe Ziele oder Ziele, welche sich im Laufe des Projektes häufig ändern, haben schwerwiegende Auswirkungen auf die Kosten und die Stabilität der Projektabwicklung. Sie führen zu vielen geänderten Anforderungen und zu einer Mehrarbeit. Das Projektziel von Anfang an vor dem Start des Projektes zu klären, lohnt sich in jedem Fall. Idealerweise hat man eine Änderungsrate nach der Anforderungsanalyse von höchstens 5%, vielfach liegt diese aber viel höher bei über 20%. In sehr grossen Projekten kann es während der Projektlaufzeit zu Änderungsraten bis zu 50% über die gesamte Laufzeit kommen.

Wo ist die Änderungshäufigkeit in Projekten sehr gross:

- In Projekten mit einem agilen Projektmanagement sind die Änderungsraten meist höher, da die detaillierten Anforderungen erst im Laufe des Projektes erarbeitet oder konkretisiert werden.
- Bei Projekten mit sehr langen Laufzeiten kann die Änderungsgrate sehr hoch sein, da sich in der Laufzeit häufig die Stakeholder ändern oder das Projekt der Marktlage anpassen muss.
- Hohe Änderungsraten gibt es auch in Projekten, in welchen die Ziele nicht von Anfang genau festgelegt wurden.
- Weitere Aspekte können sein: Gesetzliche Anpassungen, neue Erkenntnisse, finanzielle Aspekte

Fehler in den Anforderungen

Die Aufgabe des Requirements Engineering ist es, die Anforderungen an das zu entwickelnde System vollständig, korrekt und fehlerfrei zu ermitteln, um die Aktivitäten in nachgelagerten Entwicklungsstadien (z.B. Architekturentwurf, Design, Implementierung, Test) sowie in der Wartung des Systems bestmöglich zu unterstützen. Studien und viele Erfahrungen aus der Praxis zeigen, dass gerade Fehler in Anforderungen zu erheblichen Problemen führen können. Dies, wenn solche Fehler in der Entwicklung erst spät oder überhaupt nicht aufgedeckt werden. Fehler in den Anforderungen, die im Rahmen des Entwicklungsprojektes nicht aufgedeckt werden, führen früher oder später zum Versagen des Systems im Betrieb, was, abhängig von der Sicherheitsrelevanz des Systems, neben ernsten finanziellen Folgen auch schwerwiegende Konsequenzen für Leib und Leben von Menschen haben kann.

- Ein Beispiel dafür finden Sie im Kapitel 1.6 - Rolle der Qualitätsanforderungen: Eine Brücke in Vorarlberg musste teilweise wieder abgebrochen werden, weil die Berechnungen falsch waren. Die Brücke hätte den Belastungen des Schwerverkehrs nicht standgehalten.

- Am 4. Juni 1996 explodierte die Ariane 5 auf ihrem Jungfernflug. Die unbemannte Rakete sollte vier identische Satelliten in den Orbit befördern. Durch die Explosion entstand ein Schaden von 890 Mio Euro. Die Ursache war ein Fehler in den Spezifikationen.

Damit man Fehler in den Anforderungen messen kann, braucht es entsprechende Prüfungen. Techniken zur Prüfung von Anforderungen sind:

- Stellungnahme
- Inspektion
- Walkthrough

Zahl aller Anforderungen in einem Projekt
Die Zahl der möglichen Anforderungen in einem Projekt können etwas über den Detaillierungsgrad des Projektes aussagen, aber auch etwas über die Grösse und Komplexität des Vorhabens.
- Wichtig ist das Wachstum der Anforderungen während der Projektzeit zu begrenzen.
- Wichtig ist den Detaillierungsgrad der Anforderungen richtig einzuschätzen, zu allgemeine Anforderungen lassen zu viel Interpretationsraum
- Zu viele und zu detaillierte Anforderungen können die Übersicht erschweren und den Handlungsspielraum einschränken.

Fertigstellungsgrad der Anforderungen
Ist die Projektzeit bereits zu 90% um oder die Ressourcen sind bereits aufgebraucht und ein grosser Teil der Anforderungen noch nicht umgesetzt, zeigt dies, dass für die Umsetzung der Anforderungen zu wenig Zeit berechnet wurde.

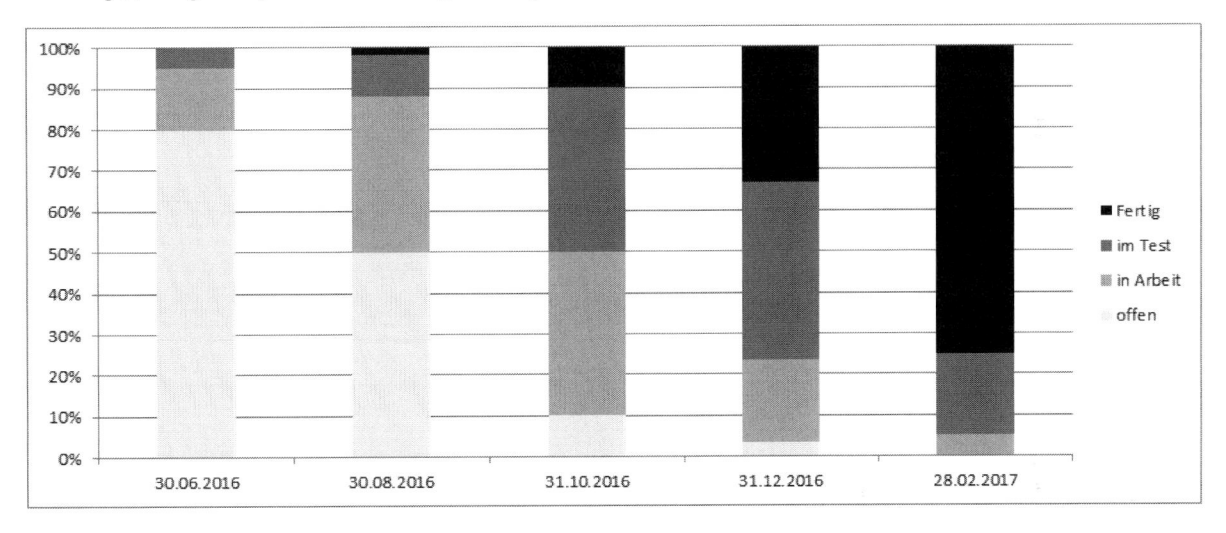

Abbildung 34: Fertigstellungsrad der Anforderungen im Projekt

8.8 Repetitionsfragen

1. Welche drei Klassen von Änderungsanträgen kennen Sie. (3 Antworten)

3 Punkte

☐	A) Korrektive Änderungen
☐	B) Vorgezogene Änderungen
☐	C) Adaptive Änderungen
☐	D) Ausnahmeänderungen
☐	E) Manuelle Änderungen

2. Welche zwei Sichten auf Anforderungen kennen Sie (2 Antworten)

1 Punkte

☐	A) Benutzer-Sicht auf Anforderungen
☐	B) Selektive Sicht auf Anforderungen
☐	C) Die Management Sicht auf Anforderungen
☐	D) Verdichtete Sicht auf Anforderungen

3. Zusätzliche Informationen zu Anforderungen werden mit Hilfe von Attributen verwaltet. Welche der folgenden Aussagen über den Zweck einer eindeutigen Identifikation für Anforderungen sind richtig und welche sind falsch? „Eine Identifikation für Anforderungen ist hilfreich...

Richtig   Falsch

3 Punkte

Richtig	Falsch	
☐	☐	A) ... um den Gesamtumfang der Spezifikation abschätzen zu können."
☐	☐	B) ... um eine eindeutige Kommunikationsgrundlage zu haben."
☐	☐	C) ... um Referenzen zu anderen Anforderungen herzustellen."
☐	☐	D) ... um Nachvollziehbarkeit zu anderen Entwicklungsartefakten herzustellen."

4. Mit der Verfolgbarkeit von Anforderungen erreicht man unterschiedliche Ziele Sie. Welche Antwort ist **falsch**. (1 Antworten)

1 Punkte

☐	A) Verfolgbarkeit vereinfacht die Auswirkungsanalyse.
☐	B) Verfolgbarkeit vereinfacht den Nachweis der Umsetzung.
☐	C) Verfolgbarkeit vereinfacht den Export aus einem Anforderungsmanagement-Werkzeug.
☐	D) Verfolgbarkeit vereinfacht das Auffinden des Ursprungs einer Anforderung.

9. Werkzeugunterstützung (K1)

Lernziele	9.1 Die acht Eigenschaften eines Requirements Management Werkzeugs kennen
	9.2 Die fünf Gesichtspunkte bei der Einführung von Requirements Engineering Werkzeugen kennen
	9.3 Die sieben Sichten auf Requirements Engineering Werkzeuge kennen
Schlüsselbegriffe	acht Eigenschaften eines REQ Werkzeugs, fünf Gesichtspunkte eines REQ Werkzeugs, sieben Sichten auf ein REQ Werkzeug, Einführung von Requirements Engineering Werkzeugen

9.1 Die acht Eigenschaften eines Requirements Management Werkzeugs

Viele Systementwicklungswerkzeuge können auch RE unterstützen, z.B. Testverwaltungs- oder Konfigurationswerkzeuge, WIKIs, Bürosoftware oder Visualisierungswerkzeuge. Auch Modellierungswerkzeuge sind für das RE wichtig, um Informationen als Modelle zu erstellen und zu analysieren. Nur für das RE gedacht sind Requirements Management Werkzeuge. Sie sollten die folgenden Eigenschaften aufweisen:

- Verschiedene Informationen verwalten
- Logische Beziehungen zwischen Informationen verwalten
- Jedes Artefakt eindeutig identifizieren
- Informationen flexibel und sicher zugänglich machen, z.B. durch Zugriffskontrolle
- Sichten auf die Informationen unterstützen
- Informationen organisieren z.B. durch Attributierung und Hierarchiebildung
- Berichte über die Informationen erstellen
- Dokumente aus den Informationen generieren

Standard-Büroanwendungen unterstützen diese Eigenschaften nur in einem geringen Umfang, spezialisierte Werkzeuge verfeinern diese, z.B. durch Verfolgbarkeitsmanagement.

Verschiedene Informationen verwalten

Mit einem Tool können verschiedene Anforderungen verwaltet werden, Aufwände, Prioritäten und weitere Attribute, welche für die Anforderung wichtig sind.

Anforderung 14455 Transaktionskonto verwalten			
Detaillierung		**Detaillierung**	
Planaufwand:	76 PT	Stream/Team:	Konto
Restaufwand:	46 PT	Lieferung :	17.1.1
Geleisteter Aufwand:	30 PT	GAP-Nr.:	-
Nicht-Funktional:	N	Test:	Ja
Muss/Kann	Muss	Priorität	1

Beschreibung:
Mit diesen Anforderungen sollen Transkationskonten verwaltet werden.

Anforderungen/Beilagen:
KVZ_RE_Transaktionskonto_verwalten

Verlinkungen:
GF Transaktionskonto_eröffnen
GF Transaktionskonto_saldieren

Logische Beziehungen zwischen Informationen verwalten
Anforderungen stehen nicht alleine da, sondern gehören zu Funktionen oder können untereinander eine Abhängigkeit haben.

Abbildung 35: Beziehungen zwischen Anforderungen

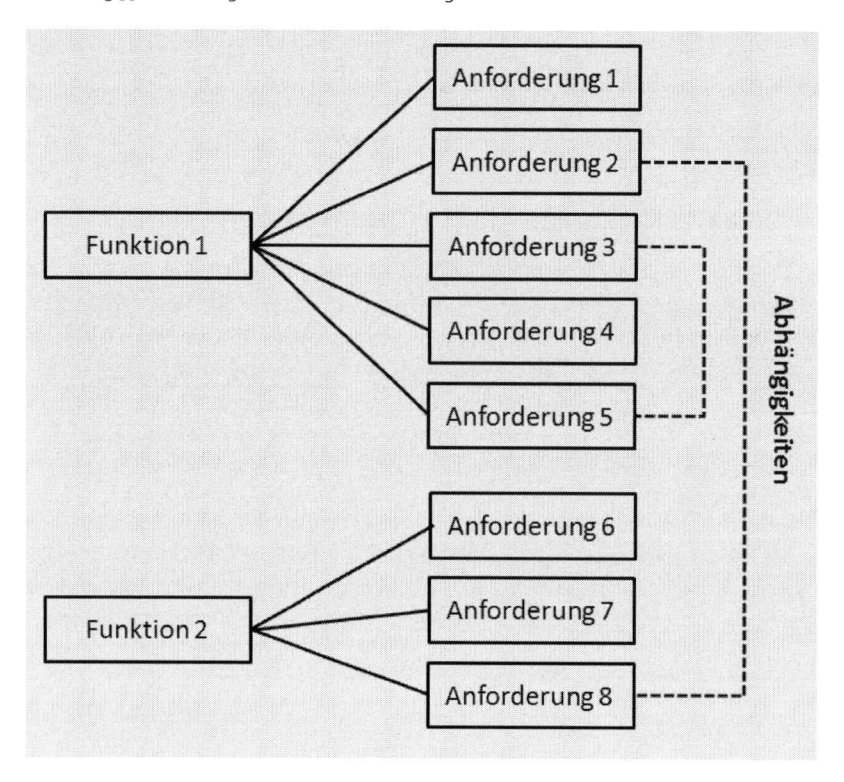

Jedes Artefakt eindeutig identifizieren
Dies kann durch eine eindeutige Nummer sein oder durch eine Nummer in Kombination mit dem Namen der Anforderung.

Informationen flexibel und sicher zugänglich machen, z.B. durch Zugriffskontrolle
In einem REQ-Werkzeug können vielfach Berechtigungen vergeben werden. Wer darf neue Anforderungen erfassen, wer darf Anforderungen löschen und wer darf Anforderungen mutieren.

Sichten auf die Informationen unterstützen
Meist haben REQ-Werkzeuge einfache Abfragesprachen, damit Listen und Übersichten erstellt werden können. Welche Anforderungen wurden bereits umgesetzt/sind noch in Arbeit oder im Review-Prozess. Welche Anforderungen sind funktional oder nicht funktional. Welche Anforderungen gehören zu einem bestimmten Owner.

Informationen organisieren, z.B. durch Attributierung und Hierarchiebildung
Man kann Informationen einem bestimmten Release oder einem bestimmten Thema zuweisen und hat damit eine Übersicht. Man kann auch Hierarchien bilden (Hauptprozess, Prozess, Funktion).

Berichte über die Informationen erstellen
Es gibt eine Vielzahl von Berichten aus dem REQ-Werkzeug:
- Alle Anforderungen nach einem bestimmten Status
- Welche Anforderungen gehören zu einem bestimmten Projekt
- Welche Anforderungen werden in einem bestimmten Release umgesetzt

9.2 Die fünf Gesichtspunkte bei der Einführung von Requirements Engineering Werkzeugen

Erst nach der Einführung von RE-Vorgehensweisen und –Techniken kann ein passendes Werkzeug ausgesucht werden. Die Werkzeugeinführung setzt klare Verantwortlichkeiten und Vorgehensweisen im RE voraus. Dabei sind die folgenden Gesichtspunkte zu beachten:
- Benötigte Ressourcen planen
- Risiken durch Pilotprojekte umgehen
- Evaluierung anhand von definierten Kriterien
- Über Lizenzkosten hinausgehende Kosten berücksichtigen
- Benutzer schulen

10. Die sieben Sichten auf Requirements Engineering Werkzeuge

Die Vielfalt der bei der Bewertung von RE-Werkzeugen zu beachtenden Aspekte lässt sich durch die folgenden sieben Sichten strukturieren:

- **Projektsicht (z.B. Unterstützung der Projektplanung)**
  Muss die notwendige Unterstützung für die Planung bieten – Bildung von Auslieferungsreleases, Gruppierung in Unterprojekte, Priorisierung von Anforderungen
- **Benutzersicht (insbesondere Bedienung)**
  Unterstützung von Gruppenarbeit, eine hohe Verständlichkeit, auch Nicht-Spezialisten müssen damit arbeiten können
- **Produktsicht (Funktionalität)**
  Verschiedene Reporting-Möglichkeiten, eine einfache Abfragesprache, Portierung der Daten in andere Programme zur weiteren Auswertung, eine Cockpit-Übersicht
- **Prozesssicht (methodische Unterstützung)**
  Unterstützung verschiedener Methoden, phasenweises Vorgehen, Unterstützung agiler Methoden
- **Anbietersicht (z.B. Service des Anbieters)**
  Ausbildung und Dokumentation seitens Hersteller, sinnvolles Lizenzmodell für grosse Menge von Usern, welche drauf zugreifen müssen
- **Technische Sicht (z.B. Interoperabilität, Skalierbarkeit)**
  Übertragung der Daten in andere System, das Systemverhalten muss bei einer grossen Anzahl User nicht unwesentlich anders sein, bei Unterbrüchen oder Abstürzen muss die Datenwiederherstellung gewährleistet sein
- **Betriebswirtschaftliche Sicht (Kosten)**
  Die Beschaffung, Wartung und die Lizenzkosten müssen tragbar sein.

Weitere Auswahlkriterien für Anforderungsmanagement-Werkzeuge

Die Qual der Wahl bei der Auswahl eines Werkzeuges für das Anforderungsmanagement kann durch die Beachtung der folgenden Kriterien vereinfacht werden:

- Ist der Hersteller hierzulande mit einer Niederlassung vertreten, die auch den erforderlichen technischen Support leisten kann?
- Existieren Referenzen, wo das Produkt in vergleichbaren Projekten erfolgreich eingesetzt wird? Ein Besuch solcher Referenzen kann wochenlange Evaluierungsarbeiten erheblich verkürzen?
- Ist das Produkt in die bestehende Werkzeuglandschaft integrierbar, sind die entsprechenden Schnittstellen vorhanden?
- Kann das Produkt direkt eingesetzt werden oder sind zusätzliche Investitionen in Datenbanken o.ä. notwendig?
- Entspricht die Methodik des Werkzeuges dem existierenden Softwareentwicklungsprozess, bzw. kann das Werkzeug entsprechend konfiguriert werden?
- Gibt es Möglichkeiten die Anforderungen nicht nur zu spezifizieren sondern auch zu modellieren?

10.1 Repetitionsfragen

1. Sie sollen als Requirements Engineer in einem Unternehmen ein Werkzeug zur Verwaltung von Anforderungen auswählen. Welche der folgenden Aussagen sind in diesem Zusammenhang richtig und welche sind falsch?

Richtig **Falsch** 2 Punkte

Richtig	Falsch	
☐	☐	A) Das Werkzeug muss die im eingesetzten RE-Prozess geforderten Artefakte unterstützen.
☐	☐	B) Die Auswahl eines Werkzeuges sollte den Nutzern des Werkzeuges überlassen werden.
☐	☐	C) Die Auswahl eines Werkzeuges wird im Wesentlichen durch die Flexibilität der definierbaren Attribute bestimmt.
☐	☐	D) Die Auswahl eines Werkzeuges wird auch durch die Werkzeugkette (z. B. Konfigurationsmanagement) bestimmt, in der das Werkzeug genutzt werden soll.

2. Welche Sichten/Aspekte gibt es bei der Beurteilung von REQ Werkzeugen? (3 Antworten)

3 Punkte

☐	A) Benutzersicht
☐	B) Produktsicht
☐	C) Stakeholder-Sicht
☐	D) Konkurrenzsicht
☐	E) Technische Sicht

3. Welches sind typische Eigenschaften von REQ Werkzeugen? (3 Antworten)

3 Punkte

☐	A) Jedes Artefakt eindeutig identifizieren
☐	B) Alle Artefakte können toolmässig einem Review-Prozess unterzogen werden
☐	C) Logische Beziehungen zwischen Informationen verwalten
☐	D) Generierung von Testfällen aus dem REQ Werkzeug
☐	E) Sichten auf die Informationen unterstützen

11. Antworten zu den Repetitionsfragen

11.1 Lösungen Repetitionsfragen Kapitel 1

1	A	Falsch
	B	Falsch
	C	Richtig
	D	Falsch
	E	Falsch
2	A	Falsch
	B	Richtig
	C	Richtig
	D	Richtig
	E	Falsch
3	A	Falsch
	B	Richtig
	C	Falsch
	D	Richtig
4	A	Falsch
	B	Richtig
	C	Falsch
	D	Richtig
5	A	Falsch
	B	Richtig
	C	Falsch
	D	Falsch
6	A	Falsch
	B	Falsch
	C	Richtig
	D	Falsch
7	A	Falsch
	B	Falsch
	C	Richtig.
	D	Falsch
	E	Richtig
8	A	Falsch
	B	Richtig
	C	Falsch
	D	Richtig

11.2 Lösungen Repetitionsfragen Kapitel 2

1	A	Falsch
	B	Falsch
	C	Richtig
	D	Richtig
	E	Falsch
3	A	Falsch
	B	Richtig
	C	Falsch
	D	Falsch
	E	Richtig
4	A	Falsch
	B	Falsch
	C	Falsch
	D	Richtig

11.3 Lösungen Repetitionsfragen Kapitel 3

1	A	Falsch
	B	Falsch
	C	Richtig
	D	Richtig
	E	Falsch
2	A	Richtig
	B	Richtig
	C	Falsch
	D	Falsch
3	A	Falsch
	B	Falsch
	C	Richtig
	D	Falsch
4	A	Richtig
	B	Richtig
	C	Falsch
	D	Falsch
5	A	Richtig
	B	Falsch
	C	Richtig
	D	Richtig
6	A	Richtig
	B	Falsch
	C	Falsch
	D	Falsch

11.4 Lösungen Repetitionsfragen Kapitel 4

1	A	Richtig
	B	Falsch
	C	Richtig
	D	Falsch
2	A	Richtig
	B	Richtig
	C	Richtig
	D	Falsch
3	A	Falsch
	B	Falsch
	C	Richtig
	D	Richtig
	E	Falsch

11.5 Lösungen Repetitionsfragen Kapitel 5

1	A	Falsch
	B	Falsch
	C	Falsch
	D	Richtig
2	A	Falsch
	B	Richtig
	C	Falsch
	D	Falsch
3	A	Falsch
	B	Falsch
	C	Falsch
	D	Richtig

11.6 Lösungen Repetitionsfragen Kapitel 6

1	A	Falsch
	B	Richtig
	C	Richtig
	D	Falsch
	E	Richtig
2	A	Richtig
	B	Falsch
	C	Richtig
	D	Falsch
	E	Falsch
3	A	Richtig
	B	Falsch
	C	Falsch
	D	Falsch
	E	Falsch
4	A	Richtig
	B	Falsch
	C	Richtig
	D	Falsch
	E	Falsch

11.7 Lösungen Repetitionsfragen Kapitel 7

1	A	Richtig
	B	Falsch
	C	Falsch
	D	Falsch
2	A	Richtig
	B	Falsch
	C	Falsch
	D	Richtig
	E	Falsch
3	A	Richtig
	B	Falsch
	C	Richtig
	D	Richtig
4	A	Falsch
	B	Falsch
	C	Falsch
	D	Richtig

11.8 Lösungen Repetitionsfragen Kapitel 8

1	A	Richtig
	B	Falsch
	C	Richtig
	D	Richtig
	E	Falsch
2	A	Falsch
	B	Richtig
	C	Falsch
	D	Richtig
3	A	Falsch
	B	Richtig
	C	Richtig
	D	Richtig
4	A	Falsch
	B	Falsch
	C	Richtig
	D	Falsch

11.9 Lösungen Repetitionsfragen Kapitel 9

1	A	Richtig
	B	Falsch
	C	Falsch
	D	Richtig
2	A	Richtig
	B	Richtig
	C	Falsch
	D	Falsch
	E	Richtig
3	A	Richtig
	B	Falsch
	C	Richtig
	D	Falsch
	E	Richtig

12. Bildverzeichnis

Abbildung 1: Stakeholder und Unternehmung 10
Abbildung 2: Prozess Haupttätigkeiten 11
Abbildung 3: Vermeidung von Missverständnissen 13
Abbildung 4: Qualitätsanforderungen 16
Abbildung 5: Kontextdiagramm 19
Abbildung 6: Anwendungsfalldiagramm 21
Abbildung 7: Anforderungsquellen 23
Abbildung 8: Muster Stakeholder-Analyse in Excel 25
Abbildung 9: Strategien Stakeholder (von http://projekte-leicht-gemacht.de) 26
Abbildung 10: Techniken bei der Ermittlung 28
Abbildung 11: Beispiel Frageboten mit geschlossen Fragen 31
Abbildung 12: Beispiel Frageboten mit offenen Fragen 31
Abbildung 13: Kreativitätstechniken 32
Abbildung 14: Mindmapping-Beispiel 36
Abbildung 15: Beispiel Klassendiagramm für die Strukturperspektive 41
Abbildung 16: Diagramme der Funktionsperspektive 41
Abbildung 17: Diagramm der Verhaltensperspektive 42
Abbildung 18: Weiterverwendung von Anforderungen 45
Abbildung 19: Elemente Use Case 60
Abbildung 20: Include- und Extend-Assoziation 61
Abbildung 21: Use Case Konto-Eröffnung 61
Abbildung 22 - Perspektiven bei Anforderungen 63
Abbildung 23: Datenflussdiagramm Bibliothek 66
Abbildung 24: Aktivitätendiagramm KartenLaden 67
Abbildung 25: Flugreservation - Quelle Wikipedia 68
Abbildung 26: Fehlerkosten - je später desto teurer 71
Abbildung 27: Sammlung Änderungsanträge von Anforderungen 89
Abbildung 28: Zwei-Kriterium-Klassifikation 91
Abbildung 29: Verfolgbarkeit von Anforderungen 94
Abbildung 30: Versionierung von Anforderungen 95
Abbildung 31: Mehrere Versionen von Anforderungen 95
Abbildung 32: Dimensionen der Verwaltung von Konfigurationen 96
Abbildung 33: Ablauf Änderungsantrag 99
Abbildung 34: Fertigstellungsrad der Anforderungen im Projekt 101
Abbildung 35: Beziehungen zwischen Anforderungen 104

13. Stichwortverzeichnis

6-3-5-Methode	34
Abstimmung	82
Adaptive Änderungen	97
Analogie-Techniken	34
Analytisches Denken	14
Anforderungsquellen	23
Anforderungsspezifikation	11
Apprenticing-Technik	35
Attributierung	88
Ausnahmeänderungen	97
Basis-Merkmale	27
Begeisterungs-Merkmale	27
Beharrlichkeit	14
Beobachtung	35
Beziehungskonflikt	82
Brainstorming	33
Brainwriting	33
Checklisten	79
Code-Walkthrough	78
Collective-Notebook	34
CRC-Karte	37
Das Kano-Modell	27
Datenflussdiagramme	66
Dokumentationstechnik	40
Dokumenten-Walkthrough	78
Dokumentieren	11
Empathie	14
Entscheidungs-Workshop	37
Ermitteln	11
Ermittlungstechniken	28
Externe Fehlerkosten	71
externen Stakeholdern	10
Feldbeobachtungen	35
funktionale Anforderung	15
Funktionsperspektive	40
geschlossene Frage	30
Gestik	13
Glossar	47
Implizites Vorwissen	13
Interessenskonflikt	82
Interne Fehlerkosten	71
interne Stakeholder	10
Interview	29
Klassendiagramme	64
Kommunikationsfähigkeit	14
Konfliktlöse-Workshop	36
Konfliktlösungsfähigkeit	14
Konzeptions-Workshop	37
Korrektive Änderungen	97
Kreativitätstechniken	32
Leistungs-Merkmale	27
mangelhaftes RE	8
Mangelnde Ressourcenverfügbarkeit	9
Mehrdeutigkeiten	8
Mimik	13
Mindmapping	36
Modellen	56
Moderationsfähigkeit	14
Negativkonferenz	33
Nominalisierung	49
Perspektivenbasiertes Lesen	79
Priorisierung	97
Priorisierung von Anforderungen	90
Problemlöse-Workshop	37
Prototypen	80
Prüfen/Abstimmen	11
Prüfkriterien	72
Qualitätsanforderungen	16
Qualitätsaspekte für Anforderungen	72
Qualitätskriterien für Anforderungen	46
Redundanzen	8
Sachkonflikt	82
Satzschablone	53
Schlechte Projektkommunikation	9
Schlechte Projektvorbereitung	9
Schreibtischtest	79
selbstbewusstes Auftreten	14
Sichten auf Anforderungen	89
Sprache	13
Sprachliche Bequemlichkeit	13
Sprachliche Effekte	49
Stakeholder	9
Stakeholderliste	23, 25
Stellungnahmen	76
Strukturierte Beobachtung	35
Strukturkonflikt	82
Strukturperspektive	40
Substantive ohne Bezugsindex	49
Systemgrenze	20
Systemkontext	19, 20
Traceability	93
Transformationsprozesse	49
Unerhebliche Merkmale	27
Universalquantoren	49
Unklare Rollenverteilung	9
Unstrukturierte Beobachtung	35
Unvollständig spezifizierte Bedingungen	49
Unvollständig spezifizierte Prozesswörter	49
Use-Case-Diagramme	60
Verhaltensperspektive	40
Verwalten	11
Walkthrough	78
Wertekonflikt	82
Widersprüche	8
Zielmodelle	59